U0870047

大学英语多样化教学模式研究

杨丽丽◎著

文化发展出版社
Cultural Development Press
·北京·

图书在版编目（CIP）数据

大学英语多样化教学模式研究 / 杨丽丽著 . — 北京 :
文化发展出版社 , 2023.12
ISBN 978-7-5142-4264-5

Ⅰ . ①大… Ⅱ . ①杨… Ⅲ . ①英语－教学模式－研究
－高等学校 Ⅳ . ① H319.3

中国国家版本馆 CIP 数据核字 (2024) 第 025225 号

大学英语多样化教学模式研究

杨丽丽　著

出 版 人：宋　娜
责任编辑：侯　娜　　　　　　责任校对：岳智勇
责任印制：邓辉明　　　　　　封面设计：守正文化
出版发行：文化发展出版社（北京市翠微路 2 号　邮编：100036）
网　　址：www.wenhuafazhan.com
经　　销：全国新华书店
印　　刷：天津和萱印刷有限公司

开　　本：710mm × 1000mm　1/16
字　　数：200 千字
印　　张：10
版　　次：2024 年 6 月第 1 版
印　　次：2024 年 6 月第 1 次印刷

定　　价：72.00 元
I S B N：978-7-5142-4264-5

◆ 如有印装质量问题，请电话联系：010-58484999

前　言

社会发展进入经济全球化和信息化阶段，英语作为世界主要通用语言，成为很多领域知识学习的载体。大学英语教学一直都是新时代较为重要的工作，对大学英语教学模式进行创新成了如今教育界的共识，这有助于完成人才培养模式改革发展的战略目标。传统的英语教学模式已经无法满足信息化时代的需求，存在诸多问题，因此有必要对高校英语教学模式的创新路径进行研究，以期对培养新时代所需要的英语人才产生有益的影响。

许多高校正在积极探索适合本校特色的英语教学模式，但在深入研究中，逐渐暴露出当下我国大学英语教学模式中存在的问题，如教学模式实施程序中的问题（包括教学目标、内容、方法、评价等方面的问题），教学模式宏观系统中存在的问题（包括教师层面、学生层面、课程设置、教学资源等方面的问题），这些问题极大地影响了大学英语教学模式的完善与创新。对此，本书深入分析了我国大学英语教学模式改革的必要性，从社会变化、新媒体技术等方面阐述了英语教学模式改革的必要性，同时还参考我国高校英语教学模式的发展现状和成功经验，总结出我国高校英语教学模式未来发展的趋势。

本书共五章。第一章为大学英语教学概述，分别介绍了大学英语教学的内涵、大学英语教学的基本原则、大学英语教学的影响因素、大学英语教学的现状及改革的方向、大学英语教学的目标分析五个方面的内容；第二章为大学英语教学模式综述，主要介绍了三个方面的内容，依次是英语教学模式、大学英语教学模式的理论基础、大学英语主要的教学模式类型；第三章为大学英语教学模式面临的问题与创新改革需要，分别介绍了三个方面的内容，依次是当下我国大学英语教学模式中存在的问题、大学英语教学模式创新改革的理论基础、大学英语教学模式创新改革的必要性；第四章为大学英语教学模式的创新实践，依次介绍了信息化背景下大学英语混合式教学模式的创新实践、基于微课的大学英语教学模式的创新实践、大学英语多模态教学模式的创新实践三个方面的内容；第五章为未来大学英语教学模式发展的趋势与展望，主要介绍了两个方面的内容，分别是大学英语教学模式的社会化与个性化、“金课”建设对大学英语教学模式提出的新要求。

在撰写本书的过程中，作者得到了许多专家学者的帮助和指导，参考了大量的学术文献，在此表示真诚的感谢！本书内容系统全面，论述条理清晰。

限于作者水平，本书难免存在一些疏漏，在此，恳请读者朋友批评指正！

杨丽丽

2023 年 5 月

目 录

第一章　大学英语教学概述

在日益激烈的国际竞争中，掌握英语已经成为一种基本能力，使用英语与国际友人进行交流，也成为一种日常现象。英语在大学教学中是一门重要的课程。本章内容为大学英语教学概述，分别介绍了大学英语教学的内涵、大学英语教学的基本原则、大学英语教学的影响因素、大学英语教学的现状及改革的方向、大学英语教学的目标分析五个方面的内容。

第一节　大学英语教学的内涵

一、教学的定义

在学习大学英语教学之前，我们要先了解教学是什么，要学会如何掌握教学内容。由于教学学科内容的不同，所以每个学科的关注点也不同，不同的专家学者对教学的定义也有所不同。“教学”在字面上能够看出是有两种含义的，一种是“教”的含义，另一种是“学”的含义，“教”是“学”的前提，“学”是“教”的结果，两种含义属于并列关系。

二、大学英语教学的定义

母语是民族领域的概念，母语就是本民族语，它反映的是个人作为某个民族的成员对本民族语言和民族文化的认同，它不取决于获得的顺序，甚至不取决于是否获得。对于我们国家而言，我们的母语是汉语，而英语属于我国的外语，外语一般指非本国语言。由于我们日常生活中大多数交流使用母语，交流对象都是中国人，所以在英语学习方面缺乏一定的语言使用环境和语言使用对象，这种情况的出现就对大学英语教学造成了很大的难题。大学英语教学是直接影响学习者的语言运用能力的，实现学习目标，关键在于教师“教”的方法、学生“学”的过程。具体而言，大学英语教学定义主要有以下几个方面。

（一）大学英语教学是有目的的活动

大学英语教学分为不同的教学阶段，每个阶段的教学目的和意义都是不同的，并且每个阶段的教学目的都分为不同的层次。

（二）大学英语教学带有系统性和计划性

大学英语教学是系统性的语言教学，这种系统性的关键在于学校教学的管理者、教育机构以及教研部门。大学英语教学也具有计划性，这种计划性主要来源于教师和学生，教师要计划如何进行教学，学生要计划如何学习。

第二节　大学英语教学的基本原则

一、交际性原则

在大学学习英语并不是单纯地为了取得高分，而是要学会使用英语进行交流，培养大学生的英语交际能力是高校英语教学的重要内容。大学生要学会应用自己掌握的理论知识与技能在不同的场合、与不同的人进行交流，因此在大学英语教学中一定要贯彻交际性原则。为了贯彻这一原则要把握好以下几点。

（一）充分认识大学英语课程的性质

大学英语课程从本质上来讲就是对技能的培训。语言是一种教学的途径，学生掌握一些简单的语法规则和词汇并不是大学英语教学的主要目的，让学生能够使用英语进行正常的交流才是最终的目的。教师要积极转变自己的教学理念，承认交际性原则的重要性，解决相关问题。

（二）创设交际情境

交际是发生在特定的情境之中的，情境的构成要素有时间、参与者、讨论内容、交际方式、地点。因此，在大学英语教学中要为学生创设一定的情景，使学生学习英语有身临其境的感觉。此外，伴随着国际交流的深入，越来越多的学生有机会接触到外国友人，与他们进行英语交流的机会也就越来越多。

（三）培养学生语言使用的适当性

大学英语教学最重要的就是对学生进行交际能力的培养，过于重视语法知识、词汇量就会偏离大学英语教学的最终目的。学生最重要的就是开口将英语讲出来，而不是有交流机会时只能默不作声，学生只要在合适的时间、地点，将自己想要表达的内容用英语表达出来就可以了。

（四）保证教学内容与教学活动的真实性

大学英语教学并不是天马行空地想象，而是以事实为基础开展的教学活动。在大学英语教学活动中，教师将语言与学生的实际情况结合起来，为学生整理更多真实的信息材料与素材，贴近学生的生活进行教学。教学内容的真实性要求教师的语言与教材的语言也是真实的。

二、兴趣性原则

兴趣是最好的教师，它关系到学生学习的动力与质量。学生的学习兴趣是学生对事物的感情倾向，可以调动学生的学习积极性，也可以督促学生不断努力、获得良好的学习效果。

（一）尊重学生主体性

学生是学习的主体，大学英语基础教学要根据学生的接受范围、心理特点、生理特点进行教学；要改变传统教学方式，使学生可以体验到实践教学的乐趣。大学英语课程要尊重大学英语教学规律、尊重学生主体地位，通过调动学生的学习积极性，让学生养成良好的学习习惯，培养学生的语感并提高其交际能力。

（二）激发学习兴趣

要想学生对英语学习感兴趣，光靠学生自身是不够的，还需要教师激发学生学习英语的兴趣，具体途径有认真研究教材、充分挖掘教材、调动学生的积极性。

（三）培养学生的自信心和成就感

教师要善于发现学生的进步，即使是大学生，他们也依然渴望得到教师的表扬。教师在发现学生进步的时候，一定要及时表扬。要让学生继续努力，教师的激励往往起到很大的作用。

教师可以了解学生的学习动态与他们感兴趣的问题，再将这些内容进行整理，用于教学活动中，这样就可以拉近与学生之间的距离，学生就会感受到大学英语教学与生活的联系。

教师与学生不是陌生的关系，并且可以变得更加亲密，教师也可以成为学生的朋友。事实证明，学生对一门课程的喜欢也受到教师的影响，教师在学生人生道路上的影响，可能要远远高于一般人的影响。

三、灵活性原则

语言是实现交际的重要工具，人际交往本身就没有定式可言，语言本身就是一个充满变数的系统。在大学英语教学的过程中要遵循灵活性原则，不能过于死板，教学形式要丰富。

（一）教学方法的灵活性

大学英语教学史上的教学流派不止一种，每一种教学方法都有它存在的意义，因为它们本身有优势也有不足，所以教师在教学的过程中，对于不同的教学方法应该合理地选择，不能过于依赖一种教学方法。

大学英语教学包括语言知识与语言技能两大方面，这两大方面又包括很多小方面，学生的英语水平更是参差不齐，因此教学方法一定要灵活，而且必须建立在学生的实际英语水平的基础上。教师要将英语课堂变得有趣，充分挖掘学生的英语潜力，提升学生的英语水平。

（二）教学方式的灵活性

灵活的教学方式可以从侧面启发学生，使学生实现自主学习。高校英语教学方式具有了灵活性，就能有助于全面发展学生的听、说、读、写能力，提升学生的英语素质。

（三）语言使用的灵活性

英语学习的最终的目的就是应用，教师要通过自己的示范作用提高学生的英语使用能力。高校很多英语教师都是全英语教学，这让学生可以切实地感受到英语使用的灵活性。

整个英语教学过程中，学生不应该是聆听者而应该是参与者。学生可以使用英语进行提问、讨论，这样可以提升学生的英语使用能力。教师可以通过布置不同类型的任务，让学生灵活地使用英语。

四、宽严结合的原则

在实际的教学过程中要把握好严与宽的尺度。教师要处理好语言准确与流利之间的关系，英语学习是一个漫长的过程，教师的教学方式直接影响学生的学习态度与学习效果。

学生的错误主要集中在语言错误、词汇错误与语法错误上，对待错误不能太极端。有些教师认为比较细微的错误可以不做处理，但是积少成多就会影响后面的英语学习；有些教师则是过于极端，对于学生的一个小错误进行无限放大，这样会影响学生的学习兴趣，对学生的积极性造成严重的影响，甚至会让学生产生自卑心理。这两种极端的处理方式都会影响学生的学习兴趣。每一位学生都会遇到出错的情况，这是必经的过程。这个过程通常表现为出错、有/无意识错误、自我纠正错误。

在英语教学的过程中，就算是教师也不能保证100%没有错误，学生出错是很正常的现象，出错并不可怕，只要及时改正就可以了。教师要遵循严宽相济的原则，鼓励学生勇于改正，但是对于一些常见的反复纠正后仍会出现的错误，教师应该严肃处理，加深学生的记忆。

对于能力比较一般的学生，教师应该给予他们更多的鼓励，增强他们的学习自信心；对于一些能力比较好的学生，教师要更加严格地要求他们，不断提高他们的语言能力。

五、输入输出原则

输入就是指学生通过听、读来接触英语语言材料，输出就是学生用说、写来表达。想要输出就必须要输入，学生在学习英语的过程中，接受的内容远远要多于自己想要表达的，可以听懂的也远远要比自己可以表达出来的要多，自己知道的更是要比自己可以写出来的要多。学生可能阅读过很多英文的名著、文章，但是让其自己去写可能就写不出来这样的文章。

语言的输入量越大，语言的输出能力也就越强，学生只有不断提升输入量，才可以提升自己的输出能力。虽然学生写不出英文名著那样的文章，但是学生可以通过阅读名著，提升自己的写作质量，有效的语言输入应该具有可理解性、趣味性、充足性三个性质。

第三节　大学英语教学的影响因素

一、教师和学生

（一）教师

无论哪个学科教学，都离不开教师的指导，教师在教学中的角色是无法替代的。教学改革前教师是教学的主宰者和传播者，随着教学改革的发展，教师这一角色也更为丰富，当代教师的角色主要包括以下几种。

1. 知识的传授者

在大学英语教学中，学生获取知识信息主要依靠教师，教师是知识的传授者，而且如今教师不仅要传授给学生知识，还要教给学生做人的道理。

2. 课堂的控制者

高校教学课堂人数一般会超过 30 人，有时会更多，学生越多课堂秩序也就越难掌控。教师作为课堂的控制者，不但需要控制课堂秩序，还要控制教学时间，这样才能取得更好的教学效果。

3. 行为的评价者

行为的评价是指教师要在学生出现问题时及时地给予反馈。每个学生在课上或者课下都会有一些不足之处，或是学习或是生活。这就需要教师细心观察，当学生出现问题时教师要把握好评价的方法，及时对学生的错误进行纠正，在纠正的过程中要注意自己的言辞，避免对学生造成心理上的伤害。

4. 活动的组织者

任何课堂都是有秩序的，而有秩序的课堂是需要课堂活动的组织者的，一般这个角色都是由教师承担的。这主要是因为学生是课堂的参与者，是学习的主体，教师在组织任何教学活动时都要将学生放在首位，无论开展何种教学活动，其方式和流程都要和学生交代清楚，方便学生更好地了解自己的职责，这样才能顺利地进行教学活动。

5. 活动的促进者

在大学英语教学活动中，教师也是学习活动的促进者。学生在学习中难免会遇到一些问题，当教师发现学生遇到问题时，要帮助学生将所学知识构建出知识结构，促使学生继续进行学习。在英语课堂中，教师要有一定的教学技巧，活跃课堂氛围，努力拉近和学生的距离，促进教学活动的有序进行。

6. 活动的参与者

大学英语教学也是一种教学活动，教师在教学活动中既是组织者又是参与者。

7. 资源的提供者

教师也可以被称为“移动的资源库”，教师都是有一定的知识储备的，要为学生提供丰富的知识，促进学生不断学习。

8. 教学的研究者

教师也是教学的研究者，教师在教学的过程中，也需要不断地学习新的知识、储备新的信息资料、不断研究教学内容；在遇到教学问题时，需要及时展开研究、解决问题、完善教学活动，这样才能保证日后课堂教学能够顺利进行。

9. 学习的激励者

教师还有一个重要的身份就是学生学习的激励者，教师作为这一角色出现时，必须拥有足够的教学经验，并且具备激励学生学习的能力。当教师在课堂中作为一名激励者出现时，学生将成为课堂的中心，那么课堂的掌控权自然也就要交给学生。

从上述内容中能够看出教师的角色是多种多样的，要成为一名合格的教师是非常不易的，教师需要在上述角色中灵活转换，并且要有足够的应变能力才能胜任这些角色。

（二）学生

随着现代社会的发展，人类研究成果随着科技的快速发展不断增多，学生需要学习的知识也不断更新。大学英语教学是面向所有学生展开的，大学英语是一个注重学生全面发展的学科。学生在大学英语教学中主要有以下几种角色。

1. 主体

在教学活动中，学生要正确定位自己的角色、了解自己的学习任务、摆正自己的学习态度。在大学英语教学中要坚持学生是学习的主体，因为学生在获取知识的过程中是主动参与者，学生可以在获取知识的同时积极参与到教学实践中，这样也有助于他们构建正确的人生观、世界观和价值观。

2. 参与者

在任何教学活动中学生都是主动参与者。当学生的身份是参与者时，也需要教师的配合，需要教师在教学过程中激发学生的学习兴趣、调动学生的积极性、带动学生主动参与到教学活动中。当然学生也要在教学活动中勇于表达自己的观点，尽情释放自己的才能。

3. 合作者

教学是由“教”和“学”组成的，教师教授给学生知识，学生要学习知识，因此在教学活动中教师和学生两者缺一不可，缺少任何一方都不能称之为教学，教师和学生在学习活动中是搭档、是伙伴。学生在教学活动中不仅要配合教师，还要学会与他人合作、共同进步。

4. 反馈者

反馈者这一身份对于学生而言也是非常重要的。在学习英语知识的过程中，当遇到不懂的知识点或者遇到不会的难题时，都要及时找到教师进行反馈；当觉得教师的教学方法存在问题时，也可找到教师提出自己的建议，促使教师对教学方法进行改进，这样才能提高自己对大学英语的学习能力。

二、教学内容和教学方法

（一）教学内容

1. 语言知识

语言知识是英语综合运用能力的一个组成部分，同时也是语言学习和运用的重要方面。学生语言能力的提高必须以扎实的语言知识为基础。英语基础知识主要包括语音、词汇、语法（语言形式）、功能和话题等内容。这五个方面的内容并不是孤立的，而是相互影响、相互作用的。语音、词汇和语法可以在一定的话题中得到体现。学生在运用语言时，不仅要具备话题知识，还应掌握语言形式在一定话题中所具有的功能。只有当他们既掌握语音、词汇和语法，又具备语言功能和话题方面的知识时，才能在交际中恰当地运用语言。

2. 学习策略

英语学习策略就是指学习者为了取得更好的英语学习效果而使用的不同策略。具体来讲，既包括学生为了更好地完成英语学习活动、完成英语学习的任务而采用的策略，又包括学生为了实现自己的学习目标而采用的学习策略。但是这样的定义并不是被所有人接受的，不同的研究者对英语学习策略的认知不同。准确地来讲，关于英语学习策略的含义至今没有形成统一的意见。

学习策略也有广义与狭义之分：广义的学习策略包括宏观的调控、计划、过程，甚至是微观的做法或技巧；狭义的学习策略只包括宏观策略。这里所指的学习策略是广义上的学习策略。

学习策略与人们经常提到的学习方法有着本质上的区别。学习策略要高于学习方法的操控层面。使用学习策略其实就是进行学习管理与技巧协调的过程。学习方法则是针对具体活动的开展使用的解决手段。为了进一步说明学习策略与学习方法的区别，举例说明，在打篮球的时候，会运用到战术与技术，在一场篮球比赛中，球员会使用很多的技巧，如传球、扣篮等，这些都属于技术问题；但是要想取得比赛的胜利，不能只会这些技巧，还要知道在什么样的情况下使用这些技巧，也就是说，根据当时的实际情况，决定使用什么样的技巧，这就属于战术问题。要想学好英语，也是如此。知道在什么样的情况下使用什么样的技巧、怎样使用，这就是策略。

再举例说明，如果碰到不认识的单词，我们会查字典，也可以通过具体的语言环境来推测词意，也可以直接向教师或者是同学寻求帮助，这些都属于具体的方法与技巧。就现实情况来看，就算掌握了很多的方法或者是技巧，也不可能在遇到问题时就使用所有的技巧。这些方法与技巧并不会同时使用，一个时间段内只会选择一种或者是几种，具体会选择哪种学习方法，要根据学生的实际情况做出判断，做出判断的过程就是学习策略的使用过程。从某种意义上来讲，学习策略的使用就是对学习方法的选择与使用。

学习策略与学习方法的外显程度不同。有些学习策略会涉及计划、评价、目标设定等内容，这些内容大部分是在大脑中通过信息加工与处理完成的，是没有办法通过书面形式观测到的。这就是为什么英语教师很难了解到学生的学习策略的使用情况，即便是使用了一些教学设备也很难观测到。学习方法就不一样了，学习方法是学生为了解决特定的学习问题或者是为了使学习过程更加有效所使用的具体方法与手段，与学习策略相比，学习方法的外显性更加明显，更容易通过观察获得。

学习策略还有一个重要的特征就是自觉性与目的性。学习策略是在大脑中产生的为完成特定学习目的而采用的一系列的技巧。当涉及对已有技巧进行筛选、使用的情况时，教师要帮助学生学会选择，在必要的情况下对会影响自主学习的因素进行及时的排除。例如，在英语的学习过程中，学生掌握一定的略读技巧有助于提高学生的阅读速度、提升学生的学习效率。使用略读技巧就是为了掌握文章的主旨，要想实现这样的学习目标，就要使用一定的学习策略。

综上所述，学习策略的内涵要比学习方法的内涵丰富得多，其使用也要比学习方法的使用广泛得多，学习策略属于管理学习方法的层面。

3. 文化意识

文化对人的成长具有重要的意义，一个人从出生就使用一种语言，也会受到这种语言文化的影响。从人类学的角度来看，人既属于“社会人”，也属于“文化人”。

在学习英语的过程中，学生必须了解英语背后的文化。学生在选择英语学习策略时往往也会受到学习观念的影响，学习观念的形成又离不开社会文化背景、受教育程度、生活经验等的作用。

“语言工具观”就是一个很好的例子，一般情况下，人们对语言内部系统或者规则更感兴趣，而忽视了语言系统之外可以影响语言文化的因素，如果长此以往，这样的学习观念会将学习者带向形式主义与功利主义。这也是在英语教学中需要加以注意的，学生不能将英语学习视为背单词、记语法。如果学习只是为了通过考试、为了掌握一种“工具”，就不能实现真正的跨文化交流。

教师可以通过文化观念引导学生选择有效的学习策略进行学习，避免不当的文化观念影响学生的学习。只有当学生自己意识到语言中文化内涵的重要性时，他们才会主动采用适当的学习措施。与国外的学生相比，我国的学生可能没有那么多的机会使用英语，因此更有必要通过大学英语教学，提高学生的英语应用能力。教师就是帮助学生实现这一目标的主要推动者。

教师可以鼓励学生主动阅读英文的书籍、期刊，让学生学会比较两种语言之间的差异，分享自己的学习经验。

此外，即便是相同的文化背景的学生，在使用学习策略的方式上也会存在很大的差异，教师要注意到这一点，着重看相同文化背景的学生在课堂上对学习策略的使用情况，并及时进行总结与分析。

（二）教学方法

大学英语教学方法主要对外语教学理论和实践进行研究。外语教学法一直以来都是外语教学界最重视的一门学科，在其他条件相同的情况下，由于教学方法的不同，所以产生的教学效果也会有所不同。现代大学英语教学法是一个多元化、多层次的体系。现代大学英语教学法流派是大学英语教学法的高级概念，指的是大学英语教学法体系。它是研究大学英语教学的教学目的、教学内容等而形成的关于大学英语教学法的一整套的科学规律体系。现代大学英语教学法具有很多流派，理论也都各不相同。许多教学法流派在过去的几十年里都在很大程度上影响了我国的大学英语教学。

第四节　大学英语教学的现状及改革的方向

一、大学英语教学的问题现状

（一）教学模式单一

在大学英语课堂中，往往存在着教学模式单一、教学模式传统陈旧等问题。在传统英语课堂教学过程中，大学英语教师并不是课堂教学的中心，只是单一的英语知识的传授者，教师一般都采取单向的知识灌输的方式，忽视了学生在学习过程中的主体地位。英语课堂教学缺乏互动，教学过程只是简单的重复，枯燥无趣、缺乏创新，无法调动学生学习英语的积极性和主动性，无法提高大学英语教师的专业水平。

虽然多媒体技术不断发展，但是很多大学英语教师依然沿用以前的教学模式和方法。部分大学英语教师没有跟随时代前进的步伐，没有满足教育改革浪潮下对英语教育改革的需求，没有树立现代化的教学理念，没有从根本上摆脱传统教学模式、教学思想的束缚。

大学英语教师应根据教育改革现状和学生发展的实际需求，有针对性地选择教学内容、教学模式，采取最适合学生的教学方法，开展课堂教学，突出学生在学习过程中的主体地位，激发学生学习英语的积极性，从而提高教学水平。

（二）师资力量匮乏

近年来，部分高等院校的师资力量不足与招生规模迅速扩大之间的矛盾日益尖锐。一方面给在编教师的教学工作增加了负担，以至于在一定程度上影响了教学质量的提高；另一方面教师自身业务素质难以令人满意，教师业务水平与综合素质都不能满足学生的日常教学活动，教师难以适应教学工作，甚至有的还无法跟上教育改革的步伐。尽管很多院校采取了外聘教师的方式对师资力量形成补充，但这部分教师以在校硕博研究生为主，虽然其学历水平较高，但是缺乏教学经验，导致了师资队伍不稳定。

（三）偏离教学目标

高校毕业生应了解国际规则，应具有国际化的视野和参与国际竞争的能力。要具备这些能力和素质首先需要通晓外语，尤其是英语这种国际通用语。但是现阶段的高校英语教学和国际化人才的培养是脱节的。我国高校英语教学的教学目标定位不明确，一些院校的英语教学目标是使学生通过全国大学英语四、六级考试。大部分学生在通过全国大学英语四、六级考试后便不再学习英语。因此，大学生在英语教学中学习到的英语知识并不能转化成技能辅助其学习和发展。

由于课程目标不明确，师资问题没有很好地解决，基础英语课程和专业英语课程之间缺乏有效的衔接和过渡，同时也由于缺乏对这类课程的有效评估和激励手段，所以这类课程不但未能取得突破，在有些学校反而还受到了冷落。

二、大学英语基础知识教学现状

（一）语音教学现状

1. 对语音教学的内容和任务把握不够

在大学英语语音教学中，教师对语音教学的认识分为两种。一种是认为英语语音教学的教学内容是国际音标、英文字母和词汇发音；另一种是只关注国际音标、英文字母和词汇发音的教学，而不重视语流、语调、重音等内容的教学。第一种认识是错误的，这种认识是英语教师对语音教学的教学内容认识不全面的表现。第二种情况会使学生只会音标拼读和单词发音，但在语调和语流上存在问题，最终导致口语不流利，甚至会因为语调问题使人不能听懂其口语。因此，英语的语音教学应包括国际音标、英文字母、词汇发音、语调、停顿和节奏。

2. 对语音教学认识不够

（1）对语音教学不够重视

语音是语言的基础，各种各样的人类语言可能不全都具有各自的文字，但一定都有各自的语音。因此，语音教学是大学英语教学的首要任务，即教师在教授英语时，首先要从语音教学出发。但在大学英语教学中，一些教师忽视了语音教学的重要性，从而造成了学生发音不标准等问题，如在发爆破音时发成送气音、短元音发成长元音等。如果教师在教学中不及时纠正学生的错误发音，在之后的学习过程中，学生就不能将词汇和发音联系起来，听到读音或看到词汇后就不能反应出相应的词汇或读音。

可以看出，在大学英语教学中忽视语音教学就会导致学生发音不标准，从而无法将读音和词汇建立联系。为了避免上述情况的发生，教师在英语教学中就要重视语音教学的重要性。

(2) 缺乏对语音教学长期性的认识

在一些英语教师和学生看来，语音是英语教学中的基础知识，是英语学习初级阶段的学习内容，在大学阶段就不再需要学习。这种观点是错误的，英语的语音教学应贯穿于英语教学的所有阶段。如果高校教师忽视语音教学，就会造成一种现象：年级越高，学生的发音越差，高年级学生的英语交际能力反而不如低年级学生好。

这一现象主要是由英语教师对语音教学认识不足造成的。英语的发音需要长时间不断地练习才能够熟能生巧。此外，教师在教学过程中，还需要留意自己的发音是否规范，要对自己进行纠音和正调。

需特别注意的是，大学阶段英语教学中语音教学的重点不是发音，而是要在语法教学、词汇教学和写作训练等具体的教学内容中加入语音教学，在具体的语境中对学生进行语音教学。

3. 教师语音不标准

在语言教学活动中，教师是学生学习的唯一对象，并且学生会模仿教师的发音。因此英语教师的发音准确性对学生的语音学习有直接影响。但是，由于各个高校之间的办学条件和教学环境有差异，部分英语教师也存在发音不够标准的问题，并且英语教师的发音也是不同的，有的教师发的是英式的，有的教师发的是美式的，甚至有的教师将英式发音和美式发音混用。这些问题也是导致学生无法学习到标准英语发音的直接原因。

4. 学生语音练习机会少

每个英语教学阶段的语音教学都是不同的，大学阶段的英语语音教学和中学阶段的英语语音教学任务侧重点自然也有所不同。在中学阶段，教师会用几节课的时间集中向学生讲授语音知识和发音技巧。在大学阶段，非英语专业的英语教学不会单独开设语音课，教师只是在英语综合教学中融入语音教学。这就造成了教师的语音教学时间不足，而学生的语音练习时间更加短缺的现象。这是英语语音教学中的一个大问题，也是影响学生语音学习效果的一个重要因素。

（二）词汇教学现状

1. 教学方法单一

词汇教学是英语教学的一部分，是英语教学的常见教学内容，在英语教学中所占比重也是最大的。对于大部分学生而言，词汇学习是最让人头疼的一部分。大部分学生在背英语词汇时，都会选择死记硬背的方式，但是这种方式过于单调和枯燥，学生时常会因为这些原因放弃积累词汇。

这个问题和教师讲授词汇的教学方法是有关系的。一般教师会使用教师领读、学生跟读、教师讲解词汇的方法。这种方法单调乏味，学生在这种教学模式中处于被动的接受地位，不能发挥自身的主动性，从而产生排斥词汇教学的情绪，词汇教学也难以取得良好效果。

因此，教师要改变讲解词汇的方式，根据学生的学习特征，选择高效的教学方法讲授词汇，这样才能充分调动学生学习的主动性，激发学生的学习兴趣。例如，教师在讲解词汇时可以在课堂上讲一些与词汇相关的故事来引发学生的联想。

2. 忽视学生的主体地位

在任何学习活动中，学生都是居于主体地位的，学生的各项因素都对学习效果有直接的影响。现代教育理论认为，如果能在教学活动中突出学生的主体地位，教学活动将取得良好的教学效果。但在大学英语教学中，教师往往不注重突出学生的主体地位，在词汇教学中也毫不例外。教师在词汇教学中要注重全面培养学生的能力，如观察力、记忆力、想象力、思维能力以及创造能力等。

在实际的教学活动中，教师如果只是一味地向学生灌输词汇知识，忽视学生的学习需要和学习兴趣，就会造成词汇教学效果不佳。学生在大学阶段已经有了一定的词汇积累，并且能够自主归纳词汇的规律。因此，在高校英语教学中教师应该将学习的主导地位交给学生，引导学生承担学习任务，培养学生独立思考的能力，让学生在学习过程中自主探索词汇规律和词汇学习方法。

3. 与实际生活联系不够

每个人都是独立的个体，人们无论是在日常生活中还是在学习生活中，都会更加关心与自己有关的或是熟悉的事物。在英语词汇教学中，教师应利用好这一特点，将词汇教学生活化，建立起词汇教学与学生的学习和生活之间的联系，以激发学生的学习兴趣。

但是大多数教师都会忽视这一点，往往不会将词汇教学生活化。教师讲授词汇时一般会采用传统的教学方法，这种教学方法并不能激发学生的学习兴趣，也无法使学生把学习到的词汇和自己的学习生活联系到一起。这样就会降低学生的学习兴趣，因此不能取得良好的教学效果。

4. 缺乏系统性

英语词汇虽然量大，但是每个单词的构成都是有规律的，学生如果能够掌握构词的规律也有助于英语词汇的学习。因此，教师在教授词汇时应向学生讲授构词规律，系统地展开教学。系统性的词汇教学能够使学生将词汇联系起来，提高词汇教学的教学质量。但是目前我国大学英语教学中的词汇教学不具有系统性。

我国每个教学阶段的英语教材都存在一个共同特征，就是教学主题缺乏系统性，从小学到中学再到大学，每一册英语教材都很难只有一个主题，都是包含多个主题，如历史文化、地方民俗、自然环境、社会发展、人物描写等。

一本教材中如果主题过多，其包含的词汇也就不具有系统性，学生也就无法把握词汇之间的联系，从而不能找到词汇的规律，导致其在学习和记忆这些词汇的时候由于没有规律可循而效率不高。

（三）语法教学现状

1. 教学方法单调

在英语语法教学中，没有太多的教学方法，目前主要的教学方法是依靠教师的单一讲解，这种教学方法是教师让学生去记录大量的词语、时态、句型等语法知识，深入来讲，这种方式对于学生学习英语语法是极为不利的。学生在学习语法规则时已经将其掌握，但是不能实际运用。特别是几个语法现象共同出现时，学生会不知所措。因此，教师应使用不同的教学方法讲授语法，加深学生对语法的理解。

在语法教学中，无论是怎样的技能教学，学生都会觉得很无聊，教师会通过解释语法概念和实践教学的方法来帮助他们快乐学习。但是如果教师一直使用这种办法，久而久之也会打击学生学习的积极性，而且会使学生产生叛逆心理，教学效果可能不明显。例如，在英语四、六级考试中，英语语法知识的考试并没有占很大比例，学生只要在考试前经常做相关练习，通过做习题快速记住单词，就可以应付考试，所以对语法知识的学习更消极。

此外，单一的教学方法不利于学生提高综合能力，也不利于学生灵活运用语法知识，很容易使学生感觉到他们在课堂上已经学到了东西，但是把一些语法现象放在一起，还是会不知所措。

2. 教材与大纲不协调

教学活动是在教材的基础上进行的。教材质量直接影响教学目标的实现和教学方法的选择。随着经济的发展，社会对人才的需求越来越大，对人才的要求也越来越高。大学英语教学使用的传统语法教材，已经不能满足日益增长的社会需求。

目前在我国许多高校中都存在着语法教学与教学大纲不协调的问题，这会制约学生的学习能力和实践能力的发展。为了避免这种不协调的出现，许多高校教师加入了研究语法教材的队伍，一些学者提出大学英语教学要想适应时代的发展就要摒弃传统的语法教材，选用交际语法教材作为主要教材，并且要完善教学大纲，培养学生实际应用语法的能力。

3. 语法地位降低

在我国英语教学中，语法教学一度占据核心地位，甚至有人认为英语教学就是英语语法教学。然而，注重英语语法教学的教学模式存在一些弊端，一些学校摒弃了这种教学模式。主要有以下两种原因：第一，有的人认为学生在学习英语之初就开始学习语法，在大学阶段不需要继续学习语法；第二，试卷中不存在大量直接考查语法的问题，不需要花费大量时间和精力学习语法。因此，语法教学不被重视。事实上，这两种观点都是片面的。

4. 学生语法运用能力差

学生应用语法的能力差，其具体体现的是学生掌握了大量的语法知识，但是实际的交际技能比较差。长时间以来的传统英语教学注重讲授语法知识，在大学阶段的英语教学中，教师仍然使用传统的教学方法进行教学，即教授语法知识、词汇知识，做练习题，借助于大量的讲解和应用加深学生对基础知识的理解。这就导致了学生只是单纯地掌握了大量的语法知识，但是实际的交际技能比较差，在应用语法的过程中会出现很多错误，以至于学生虽然学习了大量的语法规则，但不能在实际的交流中应用这些知识。学生语法运用能力差主要体现在以下几个方面。

（1）缺乏语法的敏感度

英语语法也有敏感度，敏感度不足时，文章中会出现语法错误，或者错误问题得不到解决，这与学生平时的学习习惯有关系。增加阅读量是提高语法敏感度的有效手段。分析当代大学英语语法教学中存在的问题，有利于深化英语语法教学的宏观认知，为英语教学改革提供前提。

（2）学习方法不够科学

学生获得语法知识的过程通常是一个被动的学习过程。主要是由于语法规则较多、存储困难、难以形成完整的系统等，学生的语法学习主动性差、缺乏相应的科学学习方法，这也是当前语法教学中的一个重要问题。本书认为，大学生是一个相对独立的个体，通过检索语法学习的相关信息，寻找科学有效的语法学习方法，结合自我学习的实践，研究语法学习的效果是较好的。

（3）缺乏系统的学习理论

对于一些零碎的概念和知识点，一部分学生可能印象深刻，但是与比较复杂的语法内容相关时，则不能详细叙述其具体内容和应用时应该注意的事项。显然，大多数学生没有系统的学习理论，没有建立一个完整的框架。

三、大学英语技能教学现状

（一）听力教学现状

1. 教学模式程式化

听力教学的具体表现是教学模式程式化，这种教学模式主要是学生听完听力后，教师给出正确的答案。我们也可以将这种教学模式称为机械化教学模式，这种教学模式对学生学习听力的意义不大，并且教师也无法及时发现学生在听力中存在的问题，不能使学生从整体上对听力材料进行理解，教师的教学和学生的学习都带有盲目性，教师运用这种教学模式只是为了完成教学任务。

2. 听力练习时间不足

在英语考试中听力部分会占用四分之一的时间，可以看出听力在英语教学中的重要性。英语听力教学需要教师花费大量时间来训练学生的听力能力，如果教师在课堂上没有花费大量时间去做听力练习，那么学生在课下也不会主动练习听力，学生练习听力几乎依赖于课堂练习。

但由于教学课堂时间有限，教师并不能将大量的教学时间留给听力教学。这就造成了学生练习听力的时间不足。而听力是一种技能，只有经过长时间的练习才能得到提高，这就与听力练习时间不足构成了矛盾。

3. 教材现状不佳

从听力教材中我们可以了解到教学活动的组织和安排，但是听力教材质量参差不齐，有质量高的听力教材，也有质量低的听力教材。听力教材质量的好坏是影响学生听力能力的直接因素，高质量的听力教材能够提高学生的文化素质，开阔其视野；反之，低质量的听力教材会阻碍学生听力能力的发展，并且不利于教师的教学工作。现阶段我国一些高等院校仍在使用编排不合理的听力教材，这些落后的教材既不能满足当今社会对于英语听力教学的需求，也无法体现新兴的教学观念和教学方法。

（二）口语教学现状

1. 教学方法滞后

在传统英语教学中，我国各大高校是非常注重英语语法教学和英语阅读教学的，但是往往会忽视口语教学，所以即使教育改革后，英语口语的教学观念和教学方法也是相对落后的。

目前我国各大高校采取的口语教学方法是“讲解—练习”，这种教学方法是教师先讲解口语知识，随后发放相关习题给学生做练习，但是学生在没有任何语境的前提下做练习是没有意义的，这种教学方法也不能帮助学生提高口语能力。同时，这种教学方法忽视了学生在教学活动中的主体地位，不能激发学生的学习主动性，不利于口语教学取得良好的教学效果。

2. 课时不足

大学英语教学中的口语教学和听力教学存在一个相同的问题：课时不足。因为在大学英语教学中并没有单独开放口语教学这一课程，所以有的教师会在课堂上训练学生的口语，但是不会占用太多时间，这也就无法保证口语教学的时间。但学生口语能力的提高需要做大量的练习，而口语教学时间不够充足对学生口语能力的提高产生了直接的影响。

3. 缺乏配套教材

适用于非英语专业的高校英语口语教材十分少见。大多数英语教材都将口语训练当作听力训练的延展而附在听力训练之后，且内容简短、缺乏系统性。这就很容易使教师和学生轻视口语的教与学。尽管市场上也有一小部分口语教材，但实用性不佳。这些教材要么是专门针对某一专业、领域的口语教材，难度太大；要么是有关简单的问候、介绍，谈论天气内容的教材，过于简单。这些教材都难以担当辅助口语教学的重任。

4. 学生学习口语的心理压力大

我国学生在学习英语口语时会受到汉语的影响而产生各种问题。例如，有的学生受汉语影响而发音不准确，影响实际交流；有的学生英语口语发音带有地方口音，使听者不明其意；有的学生在口语表达中语调和重音的使用不准确，从而使口语表达不够准确。

此外，由于学生的口语练习不足，所以学生学习到的语法和词汇等知识难以运用到实际的口语表达中。我国的英语教学因侧重于应试教育而将语法教学和阅读写作教学作为教学重点，口语教学得不到应有的重视。这就致使学生的口语练习不足，口语基础差，在之后的口语学习中对口语有畏惧心理。

（三）阅读教学现状

1. 教学观念有误

我国的英语教学一直将阅读教学作为教学重点，但高校的英语阅读教学中存在以下两个问题。

（1）将阅读教学混同于词汇教学、语法教学

教师在阅读教学中常常重点讲授个别词汇的用法或是讲授语法知识，阅读教学的教学模式是讲解词汇、分析语句和给出标准答案。这种教学模式不注重培养学生对阅读材料的整体理解能力和在阅读材料中提炼信息的能力。

形成这一问题的根本原因是教师不具备正确的阅读教学的教学观念。教师对于阅读教学的教学目标的认识比较模糊，致使阅读教学的主要内容是词汇教学和语法教学，学生不能通过阅读教学获得真正的阅读能力。

（2）将阅读速度等同于阅读能力

有些教师认为，阅读速度加快了就意味着阅读能力提高了，并据此来开展教学活动。事实上，这一观点是错误的。有些学生阅读得虽快，但理解不佳；有些学生阅读得很慢，理解也不好。因此，阅读速度和阅读能力没有必然关系。阅读速度应根据阅读目的来确定，并且要配合一定的阅读技巧来实现阅读目的。例如，题目要求只掌握阅读材料的大意时，可以只是浏览通篇材料，不必逐字逐句地仔细阅读；题目要求掌握阅读材料中的具体细节时，可先浏览全文确定具体细节的位置，再仔细精读这一部分。

2. 课程设置不合理

有些学校、教师错误地认为阅读教学是大学英语教学的附属品，因而对阅读课程的教学目标、教学计划的设计不甚在意，阅读教学的课时、课程设计、师资力量以及教学组织得不到保证，直接影响了阅读教学的效果。此外，阅读教学中的精读训练和泛读训练的分配不合理，一些高校的英语教学中安排的精读训练比较多，泛读训练则比较少。这种侧重于精读训练的阅读教学更加深了教师和学生认为阅读教学就是词汇教学和语法教学的错误认识。因此，学生的阅读能力得不到提高。

四、大学英语教学改革的方向

（一）明确教学目标，激发学生学习动机

我国大部分大学英语教学的侧重点是阅读教学，但事实上英语教学的主要目的是培养学生的英语综合能力，激发学生的学习兴趣，教师可以采取多种方法去激发学生的学习动机，如观察法、调查法、谈话法等。通过这些方法，教师可以了解学生的特点和需求，分析学生存在的问题，引导学生明确自己的学习目标，从而激发学生的学习动机。如果学生的学习动机不明确，就会进入被动学习状态，

在学习过程中就会缺乏主动性和热情，遇到困难和挫折，很难主动克服，反而容易退缩和畏惧。

学习动机不足，会使学生缺乏持之以恒的毅力和精神，学习效果不佳，导致成绩下降；而学习成绩的下降，反过来又削弱了学习的动机，最终形成恶性循环。而当深层学习动机占主导地位时，学生在英语学习的过程中，就会表现出很高的积极主动性和对学习的强烈的渴求。学生明确自己的目标，知道自己为什么要学，如何才能学好，不断增强自信心，不惧怕困难，遇到问题会尽力去找出原因并解决，随着学习成绩的逐步提高，学习动机也越来越强，从而形成良性循环。

基于这些原因，教师在知识的传授过程中，要时刻帮助学生明确学习动机以及学习目标。让学生了解，学习英语绝不仅是为了通过考试，也不仅是为了获得文凭、找好工作、得高收入，更重要的是把英语作为交流与沟通的工具、知识和文化的载体来真正掌握这门语言。掌握一门语言，就是打开了一个通向更广阔世界的窗口，视野会更加宽阔，知识会更加丰富，能力会更加强大。此外，教师帮助学生制定目标时，也要注意要符合学生以及其他因素的实际，合情合理，不能过于偏离实际。

（二）提出并贯彻“以学生为中心”的教学理念

学生是知识获得过程的主动参与者。好的课堂教学模式，不能只是单方向的知识灌输。过去大学英语教学中将语言结构作为教学的重点，这也就造成了“以教师为中心”的教学现象，学生在以知识传授为主的传统教学模式中，不能真正地参与进去，不能发挥自己的主动性，他们只能被动地接受，学生的创造力受到了抑制。更为严重的是，这种被动的学习模式使学生养成了依赖性，失去了对知识的探索能力，影响了学生的综合能力的提升。然而，随着英语教学的不断发展，人们开始意识到学生才是教学的主体，“以教师为中心”的教学是影响学生学习效果的根本原因。为了解决这个问题，语言教学者提出了“以学生为中心”的教学理念。

虽然提出了新的教学理念，但是如何实现这一教学理念也是一个关键问题。英语教学从“以教师为中心”转变为“以学生为中心”，这也并不意味着教师在今后的教学中能够“袖手旁观”，也不代表教师之后的教学任务会变得轻松。事实上，“以学生为中心”的教学理念不但需要教师必须参与到教学活动中，还要求其配合学生完成整个教学任务，在此期间当学生出现问题时，教师还要及时给予帮助和指导。由此可见，虽然教师的教学地位发生了变化，但是教师的工作量不但没有减少反而增多了。

教学模式只有革新为双向互动的形式，才能激发学生的热情和参与积极性。只有让学生成为主体，时刻以学生为中心，并且让教师成为辅助的引导者，才能真正激发学生的学习热情，改变传统课堂的沉闷氛围。教师要了解每一个学生在动机上、态度上、风格上的种种差异，努力培养学生的创新思维和能力，引导学生运用多种知识，从不同的角度去解决问题。

教师应该努力提高学生的思维水平，鼓励学生勇敢表达自己的见解，让学生自己也能明确自己在课堂上的主导地位，了解自己是主动的参与者，而不是被动的接收者。在教师的帮助下，学生主动强化自己的学习意识，明确自己的学习目标，不断寻找真正适合自己特点的学习方法，让自己成为英语学习的主人，使自己进入最佳的状态。

“以学生为中心”的教学理念是英语教学的首要理念。素质教育不仅强调要让每个学生全面发展、主动发展，更强调要让每一个学生实现个性化发展。关注学生个性的发育，是英语教学活动要承担的另一重任；因人施教、助长个性是素质教育的重要理念；关注人与人之间的个体差异，利用英语教学来促使学生个性化地发展，使学生的个性得到充分发展，是素质教育背景下英语教学活动必须思考的问题之一。

（三）开展多媒体网络教学

随着科技的发展，网络教学在教育中有了一席之位，网络教学的学习方法和手段都发生了一定的变化，它的出现也使学生的身份相较于传统教育发生了一定的变化，这种变化不只是学生身份的变化，也包含学生观念的变化。

与传统教学相比，网络教学有以下几个优势。

①网络教学与传统课堂相比，学习资源更多样化、更开放。网络教学的学习入门门槛低，学生只需要具备上网条件，就能够学习到各种各样的知识。

②学生能够实现随时随地学习，不受地点的限制。网络教学的出现打破了传统教学在时间和空间上的限制，能够更好地满足学生随时随地学习的个性化需求。

③在网络教学中，教学内容讲解简而精，学生能够通过观看教学视频，自主掌握学习进度。学生对于已经掌握的知识点能够快速跳过，学习下个知识点，不需要长时间地等待；对于没有听懂的知识点，可以将视频下载下来反复观看，直到学懂为止。

（四）评价方法多元化

评价是英语教学的一个重要方面。在大学英语课程改革的实践中，由于教师对课程评价知识的缺乏和对于试卷分析工作做得不够，课程评价存在的问题很多。加上对语言测试的信度和效度问题缺乏正确的指导，教师往往感到很茫然。促进学生认知和行为的改变是英语课程的主要目的，而科学的评价方法能够促进这一课程目标的实现。现阶段我国的英语课程评价体系仍处在传统的静态评价阶段，这种评价体系一般只能够体现出学生已有的发展水平，但不能体现出学生学习的潜在发展水平。这种评价体系会影响对学生潜能的客观评价，不利于学生的健康发展。引进科学合理的评价机制是英语课程改革的关键。

从世界课程评价的发展史中可以发现，当今的课程评价的中心理念是充分尊重个体的建构评价理念。建构评价理念注重“协商”式的“共同心理建构”，在此基础上寻求共识的达成。这种评价理念的本质是充分尊重个体的主体性，在根本上打破了课程评价体系中的“客观性”和“科学性”的局限，从而彻底转变了评价的理念。

建构评价理念是时代精神的具体体现，其中心思想是主体性评价。主体性评价的评价中心是评价者和被评价者。主体性评价将评价本身的外显和内隐的教育功能充分发挥了出来。在具体的实践中，主体性评价不会受到外部力量的控制和监督，其评价目标的实现主要是依靠个体对自我行为的“反省意识和能力”。主体性评价的评价过程是民主参与、民主协商和民主交流的过程，是民主意识的翻译，富有鲜明的时代精神。主体性评价是教育性评价的一种，其终极目标是促进个体的发展。因此，主体性评价的评价内容非常注重多元化，尽量从多个侧面反映个体，从而鼓舞个体的进取心和自信心。在我国的大学英语教学的课程改革中应注重评价内容多元化的发展趋势，在评价过程中注重个体的差异性，科学合理地进行评价，而不是使用统一的标准评价全体被评价者。

第五节　大学英语教学的目标分析

一、帮助学生理解英语

在教授学生“懂英语”这一过程中，始终不变的是以学生为中心开展一系列教学过程，教师对每个教学环节的设立都是从学生的角度出发的，这使得每一名学生都能在这个过程中汲取自己所需要的知识，从而掌握这一项语言技能。

在掌握这项技能的过程中，教师要扮演好自己作为指引者的角色，学生才是主角，教师要负责的是解决学生在探索这一过程时所遇到的各种问题。

目前教师所需要考虑的是如何引导学生学好英语知识。学生的英语学习包括两方面：一方面是学习相关的基础知识，另一方面是学习与英语相关的趣味知识。学好英语意味着不光要拥有应对考试的能力，还要有会说、敢说的能力，而这两种能力的培养恰恰代表了两种不同的教学模式。

应对考试的能力要求学生必须熟练掌握课本上所学的知识，灵活运用所学去应对不同的题型，从而能够得到较高的分数，总之就是成绩的提高；会说、敢说的能力要求学生在对知识的掌握方面要更多地注重表达能力的训练，学会将所学的知识熟练地运用到日常生活中。

在进行教学目标的设定时，也要从这两方面着手。要让学生在掌握知识的基础上也能够去运用所学知识，在与人交往时，能够运用自己所学与他人取得有效的沟通，这才是我们学习语言的最终目的，因为语言是一种技能。

二、帮助学生学会英语

教育的三要素为教育者、受教育者、教育影响。如果把这三个词想象成完整的一句话，就可以说教育者通过对受教育者进行教育以对其产生教育影响。由此我们可以看出，在这一过程中受教育者才是学习的主体，教育者只是围绕着主体而展开的一系列教育活动的实施者。

随着时代的进步，教育也在不断地发生变化，而在变化的过程中，取得了长足进步的是教师认识到了教学的主体是学生这一真知。由此，教师在设计教学目标时也发生了很大的变化，由之前的教会学生什么转变为学生学会什么，给了学生足够的主动性，学生不再是一味被动地接受，而开始有了自己的想法，想学会什么，而教师则是去帮助学生达到学习的目的。这一思想上的转变给教育活动也带来了深远的影响。

三、给学生传授语言知识

一直以来，教育的一个误区就是学生永远是被动的接受者，教师永远是主动的给予者。教师认为这个对学生有用，就塞给学生，认为这个对学生学习有好处，又塞给了学生，虽然教师认为都是好东西，但是不曾想过是不是学生想要、想学的东西，没有去探究过学生的内心到底想要的是什么，只是把自己认为好的给了他们。

在这种模式下，教师占据着绝对的主导地位，而学生只是一个配合者。教学的重点集中在教师想让学生学会自己所认为的“正确的”“标准的”英语，至于学生是怎么认为的，反倒没有人去关注，只因学生在这一模式下只是个配合教学活动的“龙套”。教师所在意的点也是学生是不是在认真地接受自己所教授的东西，而不去在意他们到底能接受多少或者愿不愿意接受。双方只是在完成一个教、一个学的任务。这种模式下的教学可以说是痛苦的，效率也不高。

从教学内容上看，教师更在意的是学生是否懂得欣赏自己所认为的美。举个例子来说，教师在课前会准备本堂课所用的课件，在课件的制作上无论是画面还是出现方式，只要符合自己的审美，就想当然地认为学生也会喜欢这个形式，并没有真正地站在学生的角度上去思考问题，只是希望学生能跟自己一样陶醉在自己所教授的这部分内容中。

四、培养学生的跨文化交流能力

越来越重视学生交际能力的培养可以说是新教学大纲的产物。这也是目前许多学校都开始聘请外教来执教的原因。让学生在纯正的外语环境下学习，可以提高学生的口语表达能力。这同样也能激发起学生对外语学习的兴趣，而能够与外国人进行交流，也会带给学生在英语学习上的成就感。

与汉语相同，英语在表达时也有同一个意思但是却有很多种表达方式的情况，其中影响最大的就是正式与非正式用语，毕竟在与人交往时没有人愿意给别人留下一个粗鲁、没有礼貌的印象。因此，表达上的语法正确固然很重要，但是根据语境运用不同的词汇来表达同样也是重中之重。交际能力训练的重要性可见一斑。

在对学生的交际能力进行培养时，也要注重学生对外国文化的了解，各国有各国的文化，教育背景不同，观念也不同，所以在教育学生时要对相应的背景也有所介绍，让学生在不同的背景下体会不同的观念，从而在与人交往时能够更灵活地从对方的角度出发来斟酌用语。实现跨文化的交流是学习这门语言的目标，所以在这一过程中所进行的一切教学活动都要以此为目标，以学生为主体进行。

学生在学习的过程中，不仅要学习语言知识，还要理解与本国不同的文化，而文化之间的差异也成了学生在学习过程中的绊脚石。这时候就需要教师起到一个很好的引导作用，在实现跨文化交流的最高目标下，尽自己所能使学生能够积极地适应文化方面所产生的差异。

正因如此，英语学习需要教师与学生之间互相配合，才能实现英语学习的最高目标。在教学过程中，应做到知识与文化相结合，用学生更容易理解的方式表达出来。知识是基本功，技能则是最终目标。要达成这一目标，便要在有扎实基本功的基础上去运用语言。

第二章　大学英语教学模式综述

本章为大学英语教学模式综述，主要介绍了三个方面的内容，依次是英语教学模式、大学英语教学模式的理论基础、大学英语主要的教学模式类型。

第一节　英语教学模式

一、教学模式综述

（一）教学模式概述

1. 教学模式的含义

教学模式可以解释为在具体学说和方法指导下创立的稳定的教学方法结构。它既可以作为一种方式架构，也可以作为一种活动模式。作为方式架构，体现为教学模式在总体方向上牢牢把握住教学方法以及各个部分的联系和功能；而作为一种活动模式，它则展现出教学的顺序性和可操作性。“模式”的英文是 model，model 还可以翻译为“模型”“范式”等，一般是指在教学方法中要授予对象内容的有序结构。最初将这一单词引入教学活动并进行系统调查的人是美国学者乔伊斯（Joyce）和韦尔（Weil）。乔伊斯及韦尔等人在他们的著作中表示：“教学模式是构成课程和使命的范例或计划，选择教材，并提示授业者的活动。”①然而，事实上教学模式不能被描述为一个计划，因为该“计划”通常太具体而且可操作太强，会导致其学说含义的丧失。把“模式”这个词代入教学方法指导里，是为了表示出在某些教学理念或教学方法的指导下建立的各种教学活动模式的基本结构或框架、展现出有序的教学活动战略体系，可以看出教学模式是教学活动的基本结构。但是，在教学过程中，所采用的模型是否科学合理也是一个值得探讨的

① 乔伊斯，韦尔，卡尔霍恩．教学模式 [M]. 北京：中国轻工业出版社，2004.

问题。了解教学模式的发展历程，可以以此为借鉴和参考，在理解传统教学风格的基础上，更好地掌握各种新生的教学模式。

2．教学模式的发展

在我国，完善的教学模式始于现代教育学被作为独立分支出现时。但是，在国外的教学活动和教学理念中，教学模式贯穿于整个教育历史。在古代，教学的一般模式是传授式讲课，即教师对学生耳提面命，让学生“听、读、记、练”。它的特点是由授业者传授知识，而学习者被动地从授业者那里获得知识，其在课堂上回答的答案也和课本或者教师的授课一模一样，是依靠复制、粘贴进行重复学习的。17 世纪，由于在学校课程中引入了自然科学内容，该类课程需以课堂为单位进行讲授，教育学之父夸美纽斯（Comenius）就此提出课堂教学应统一讲课、提问、回答问题和巩固练习。这一学说打破了传授式授课方式，使学习者的主体地位得到凸显。同时，其还将学习考察等活动归类为教学活动体系，并创新了以“知觉、记忆、理解、判断”为结构的教学模式。19 世纪，科学实验逐渐兴起，科学教育之父赫尔巴特（Herbart）论述了“清除联合系统法”的教学模式。之后他的学生莱因（Rhine）在此基础上发展出了“预备—提示—联合—总结—应用”的教学模式。以上这些教学模式都有一个共同点：灌输方法的片面化不同程度地抑制和阻碍了学生的个人成长。因此在 19 世纪初期，随着资本主义经济体制改革的推进以及讲究个体成长理念的深入，以赫尔巴特为代表创设的传统教学模式受到威胁，而后产生的杜威实用主义教学理念逐渐得到社会的认可，促使教学模式向更好的方向迈进了一步。

美国著名教育学家杜威（Dewey）创新并完善了“做中学”的“以孩子为中心”的实用教学模式。这一模式的基本程序是“创建情境—确定问题—拥有数据—建议假设—测试假设”。杜威提出的实用教学模式脱离了之前教学模式的简单性趋势，弥补了赫尔巴特教学模式的缺点，突出了学生的主人翁作用，重视讲学活动，注重对学生探究能力、获取问题和处理问题的能力的培养，为现代教学模式开拓了一条大道。当然，实用主义教学模式也有其缺陷。它将讲习过程等同于科学研究过程，贬低教师在讲习过程中的指引作用，片面夸大直接经历的重要性，不注意对科学研究能力的培养，导致教学质量有一定程度的下降，因此在 20 世纪 50 年代受到了社会的强烈批评。

20 世纪 50 年代以来，科学技术兴起，各行各业都面临科技变革，都需要进行相应的改变，新的思想和学说促进了新的教学模式产生，教育教学问题面临新的机遇与挑战。现代心理学和思维科学揭示了人类大脑活动的规律，新的思想与技术对教学实践产生了深远的影响，也为教学模式提出了许多新要求，教育领域由此产生了许多教学理念和学说。关于教学模式的分类，海内外学者也从各种角度进行了研究，基于不同标准进行了详细分类。基于教学模式的学说和根源，乔伊斯和威尔将教学模式分为资源处理教学模式、人格（人道）教学模式、社交传播教学模式、方法矫正教学模式四种。国内对教学模式的分类也很多。一些研究者将教学模式分为三种类型：一是教师引导弟子从活动本身学习的教学模式，其中凸显的是强制性、教师灌输式的教育引导；二是让两者相互协作的教学模式，它比第一种模式更加柔和，利于学生接受；三是以学生为主体的教学模式，它强调学生自我的主体作用，教师的作用更多是辅助学生如何去学习。

3. 教学模式应用的意义

教学模式的逐步发展和多种分类，极大地引起了各界的重视，让人们开始审视并总结出教学模式的应用对教育的影响与意义。

（1）教学模式的中介作用

教学模式的中介作用指的是在模拟教学系统中为各学科教学提供学说依据的教学模式，可以使授业者单独摆脱经验和感受。一方面，教学模式来自实践，为某种类型的教学提供了一个相对稳定的运行框架，涉及的各种因素及其彼此之间的相互关系在这个运行框架中按照一定的规则有序的作用于教学，这种框架具有内在逻辑关系的学说基础，已经达到学说层面。另一方面，教学模式也是一定学说的简化表达。为了反映教学学说的基本特征，形成了比抽象学说更具体的教学实施程序。促进人们对某一教学思想的理解也是抽象思想能够施展其实际效果的中心环节，也是教学学说能够专门指引教学，在实际中运用的中间体。

（2）教学模式的方法论意义

教学模式研究是从一个全新的角度对教学方法进行革新。很长一段时间里，教育领域往往采用刻板单一的思维方式进行思考，或者对各事物之间的联系进行片面的解释，缺乏互动教学中的灵活性与操作性。对教学模式进行深入的研究，可以引起人们对教学活动整体全面探究的重视，对教学过程中出现的各方面因素进行辩证全面的分析讨论，充分了解彼此之间的联系与表现形式。从动态的角度来看，教学活动具有可摸索到的规律和独有的性质，只有掌握到教学活动的实质规律，才能充分利用规律来优化教学内容与教学方式。

（二）教学模式的不同类型

教学模式是学说与实践相结合的教学过程的系统描述。其主要使命是创建一个学习环境，以最恰当的方式促进学习者的发展。但是没有哪一种模式可以完成所有类型的学习或适用于所有的学习方式。目前，教学模式正在从单一到综合成长；从以“教”为主向重“学”的方面成长；从经验归纳法到学说演绎式成长。作为一名优秀的授业者，不仅要选择符合自己独特风格的教学模式，而且要从提高学习者终身发展能力的初衷出发，灵活运用各种教学模式，取得更好的教学效果。需要注意的是，任何教学模式都能产生良好效果的原因不是教学模式本身的单一因素，而是必然会涉及学校教育（教育）理念、教学管理、德育工作、激励评估、校本教研等多种因素。只有各种因素共同作用才能最大限度地提高教学模式的有效性。我们要学习先进模式，结合自己的实际，深入学习、选择、再学习、创新，并积极融入其他因素，这样才能发挥教学模式的作用。

教学模式是教学思想与教学理念的外在化表现形式，是教学思想作用与教学实践的证明。不同阶段与不同地区都有适合本阶段与本地区的教学模式，且教学模式种类繁多，操作性较强，教师对教学模式的选择运用必须符合所教授学生的素质，并与教学目标相统一。不同的教学模式具有不同的表现方式、不同的优缺点、不同的侧重点，导致取得的效果也不尽相同。教学模式随着社会在发展，新教学思想的涌现以及教学硬件设施的更新呈现出繁荣发展的态势。据不完全统计，具有一定影响力的教学模式主要有以下几种。

1.传递接受式教学模式

传递接受式教学模式起源于赫尔巴特的四段讲习法，后来由苏联教育家凯洛夫（Kairov）等人引入我国。在我国许多授业者都有意无意地以这种方式进行教学。这种模式旨在传授系统知识和中等技能，其重点是充分挖掘人们的记忆和推理能力并促进人们掌握间接经验，使学习者能够快速有效地掌握更多的信息。这种模式强调了授业者的引导作用，认为知识是授业者对学习者的单向转移，并重视授业者的权威。学习者可以在短时间内收到特别多的资源，可以提高学习者的纪律和抽象思维能力。缺点是学习者很难真正理解他们所收到的信息，多种信息传递给学习者，学习者没有时间去分析接收到的信息是否需要进行转化，这在一定程度上不利于学习者分析能力的培养，不利于学习者成长思维的锻炼。

2.自学辅导式教学模式

自学辅导式教学模式是以学习者为中心，所学内容、学习步骤都由学习者主导，教师仅仅起到引导监督作用的一种教学模式。这种教学模式所有的学习过程都由学习者自己做主，学生根据自己的兴趣进行自主学习，锻炼了学习者独立思考、发掘事物本质的能力。学生在学习过程中有针对性地对自己感兴趣的部分占用更多的时间，利于教师发现学生的优点进行因材施教。但是，此类教学模式也存在一定的缺陷：将主动权交给学习者，考验学习者的自觉性，不自觉或者对教师布置自学内容不感兴趣的学生在自主学习过程中学不到任何的东西；对授业者而言，教师需要对每个学生进行不同的测试和考察，没有统一的标准去检查学习者的学习情况，要对不同学生进行不同的辅导，这样过于浪费教学时间，影响整体教学进度。

3. 探究式教学模式

探究式教学模式是指在学习开始阶段，教师不直接将基础概念与原理教授给学生，让学生在一定基础上对学习内容进行深入的学习。教师首先提供一个与教学内容有关的实例与话题，学生根据提供的主题进行自主阅读、观察、讨论等，自主探究掌握相应的原理，得出结论，在解决问题的过程中，找到事物的本质与规律，总结出基本概念，培养一定的学习习惯与认知模型。在学生探究学习过程中，学生的自主学习能力得到极大的提高，锻炼了学生学习的主动性，为良好学习习惯的养成和学习方法的使用打下了基础。

4. 概念获得教学模式

概念获得教学模式的目标是让学习者通过体验、学习他们学到的概念来发展他们的思维技能。概念获取模型采用“归纳推理”的思维形式。首先，通过一些例子，让学习者发现概念的一些共同属性，并从其他概念中掌握概念的本质特征。获得概念后，学习者需要全面理解概念，即从内涵、外延、属性、物种、差异等方面对概念进行剖析。同时，为了加强学习者对概念的理解，还要对相关概念或类似概念进行区分。

5. 巴特勒教学模式

20 世纪 70 年代，美国教育心理学家巴特勒（Butler）提出了教学七要素，并提出具有国际影响力的“七段式”教学学说[①]。巴特勒的教学学说基于信息加工学说理论，提出教学过程主要包括以下步骤：精心设置教学情境、激发学习动机、组织学习过程、对学到的新知识进行有效的运用、对教学应用成果进行检测、反复练习巩固所学的知识、对习得的知识进行拓展与迁移。他的这七个步骤涵盖了教学全过程，精心设置教学情境环节主要是指学习过程开始时融入外部的各种情况，包括材料的选择、对学生个体差异的调查等。第二阶段的学习动机是指提高学习主动性、引起学习者学习新知识的因素，主要包括情绪感受、注意、区分与

① 徐子琪．关于教学模式的评述[J]. 文教资料，2021(21)：148—150.

意向。第三阶段的组织学习过程需要教师与学生的共同努力，教师精心设置教学任务与过程，学生构建自己的学习过程，在所学知识之间建立起联系。第四阶段的运用过程主要是对新学到的知识进行实际应用，主要包括参与、尝试、体验等要素。第五阶段的检测是指对学习成果进行评价，包括对教师教学过程的评估和对学生学习成绩的考察，主要有告知、比较、赋予价值、选择等内容。第六阶段的巩固是一个重复的过程，即经历重复的记忆、反复的练习，加固记忆，形成学习的常规模式，经历记忆、遗忘、再次记忆等过程实现对知识的巩固。最后一个阶段的拓展迁移是学习成果的延伸，即将所学的知识迁移到具体情境中，完成知识的系统化并建立与其他知识之间的联系。

6. 抛锚式教学模式

抛锚式教学模式的学说基础是建构主义。建构主义认为，如果学习者想要完成他们所学知识的定义建构，那就要深刻理解知识，最好的办法是让学习者到实际世界的真实环境中去感触、去体验（即通过得到直接经验来深造），而不是简单地听其他人（如授业者）介绍并解释这种体验。由于锚定教学是基于真实的案例或问题（如“锚”），有时候也被称为“范例教学”或“基于问题的教学”或“背景教学”。

该教学模式要求基于真实事件或实际问题。这种真实事件或问题的识别被生动地比喻为“细分”，因为一旦发现了这些事件或问题，整个教学内容和教学过程也就明确了（就好像船停泊一样）。

7. 现象分析教学模式

现象分析教学模式的重点基于建构主义的认知学说，并且利用自己的先前经历来关注学习者对问题的回答。现象分析模式的基本教学程序是显示现象—解释现象的原因—现象的成果—分析解析。在教学中，某些现象通常以材料的形式出现。

8. 加涅教学模式

根据信息处理学说，加涅觉得学习条件分为内部条件和外部条件，内部条件又分为基本前提条件和支持性先决条件。支持性先决条件在学习过程中起辅助作用，即有可能发生没有这些条件的学习，但是缺乏基本的前提条件将无法工作。不同的学习内容需要不同的学习条件，可以生出五种类型的学习成果：言语信息、智力技巧、认知策略、运动技巧和立场。言语信息包含姓名、记号、事实和原则。为了学习言语信息，其内容选择必须对学习者有意义。智力技巧包括歧视、概念、规则。学习智力技巧是由许多条条框框和事例来指引学习者找到准确的答案，学习成果可以通过要求学习者解决具体问题来检验。认知策略，这种技能的教学方法是展示或解释策略，一旦学习者熟悉问题，需要提出新的问题来帮助学习者迁移策略或评估学习者对策略的掌握程度。运动技巧掌握的关键是反复练习，人们可以根据完成使命的时间或准确度来评定运动技能的掌握程度。立场主要是学习态度问题，其中依赖性原则在态度学习中起到了决定性作用。

美国教育心理学家加涅（Gagne）的思想理论是运用信息加工的原理来看待教学过程，他觉得教学活动就是信息的传递与应用的动态体现。学习者、教授者与两者之间的相互联系共同营造了教学活动的结果。加涅理论最大的优势与特点在于重视理论的实际运用，将理论与实践完美地结合在一起。加涅采用的信息加工模式的原理是指大脑接收外界环境的刺激，将接收到的信息通过感受体验转换为记录模式，将所掌握的信息在简单分类筛选过后进行短暂记忆。短时间记忆经过长时间的积累，信息不断叠加逐渐转为固定的长时间的记忆。记忆存储在大脑里，当需要进行实际应用时，大脑主动工作，在所储存的记忆中对有用的信息进行检索选择，并初步提取加工，经过加工后，对信息的记忆进一步加深，重新记录在深层记忆的固定结构里，而长时间未被提取过的信息主动转入短时记忆库存，等待着被逐渐遗忘或被提取过后转入到长期记忆群体中。这一模式还包含着动机与实际操作两项功能，对信息的提取与分类起着至关重要的作用，动机有预期的内涵，对学生学习定向起着决定性作用，实际操作控制着信息加工的过程与结果，两者之间相互配合对定向学习发生作用。

9. 奥苏贝尔教学模式

美国著名教育心理学家奥苏贝尔（Ausubel）是认知结构学说主导下的实践模式的代表人物，他提出了认知结构是学习者思维中书本知识的重现，是有意义学习的成果和规定。他强调认知结构在学习过程中有强大、清晰、可辨别的作用。奥苏贝尔的学说重视认知结构的地位，围绕认知结构，提出了几种类型的学习，如优秀学习、下属学习、相关的通用学习、并行组合学习和创造性学习。它为新老知识的组织提供了更有说服力的解释，从那时起，认知结构学说确实引起了人们的关注并被广泛理解。

（1）学说基础——“有意义接受学习”学说

奥苏贝尔以各种学习类型为基础进行了深入的研究，在深入地调研与分析后，将学习按照取得的学习效果分成“实质学习”与“机械学习”两种。所谓实质学习，是指文字或者数字等符号所表达的字面意思，学生已经完全掌握，并且在习得字面意思的基础上懂得其在不同场合中的实际内涵，可以灵活使用所学到的基础概念。换句话说，就是学生已经领悟到字面意思与实质操作之间的联系，在学习者的原有认知结构中已经添加了有实质意义的符号并储存在大脑中备用。要想实现实质意义上的学习，就需要学习者通过不断学习新的符号，形成新的概念，赋予记忆中的每一个符号特殊意义。新概念与旧概念相互融合，构建某种联系，在使用中能够做到触类旁通，通过联想将记忆中零碎的知识点串联在一起，才能达到真正的实质学习，否则就是机械地记忆，不会灵活地转换。奥苏贝尔指出，能否在新旧知识点之间建立起完整的联系链条，是判断机械学习与实质学习的唯一标准，是决定学习效果的重要因素。正如他在代表性论著《教育心理学：一种认知观》一书的扉页中用特大号字所表述的："假如让我把全部教育心理学仅仅归结为一条原理的话，那么，我将一言以蔽之：影响学习的唯一最重要因素就是学习者已经知道了什么。要探明这一点，并应据此进行教学。"①

要实现实质意义上的学习，主要有以下两条途径：接受学习和发现学习。接受学习的基本特点是，所学的知识只是单纯的记忆，由教授者通过课堂教学或其他方式将所需掌握的信息传递给学习者，学习者不需要进行复杂的加工，不需要进行辩证的思考和发现，只需要将传授者传递的信息牢固地记忆在脑海中，储存起来当需要的时候进行快速地查找与调取，将所记忆的符号进行完整的再现。所学知识的全部内容都是以确定的方式被（授业者）传递给学习者。发现学习的基本特点如下：学习的内容不仅是教授者传递出信息的简单相加，而是在教授者输出之前，学习者已经经过认真深入的思考，发现需要获取怎样的知识与能力，并在学习过程中有针对性地获取。

(2)"先行组织者"教学策略

在对实质学习与机械学习进行区分，又对如何达到实质学习的目的详细剖析后，奥苏贝尔又对此种模式下的教学策略进行了深入探析，并取得了具有历史意义的成果——"先行组织者"教学策略。这种策略需要在设置学习任务本身之前，将要学习的内容形成一种具有引导性的材料呈现出来，相较于具体的学习任务，这种材料有极高的抽象性和概括性，能与原本知识结构中储存的概念和即将学习的新知识形成模糊的关联。使用这种教学策略，能使学生在学习陌生知识时，提前建立某种关联概念，对所学知识的背景形成一定的认识，促进新知识的吸收，从而使学生学习的可预测性加强，在学习过程中做到心里有底，新旧知识能够更快地建立联系。

① 陈淑端."启·悟"教学主张的思与行[M].福州：福建人民出版社，2019.

（3）动机学说

奥苏贝尔不仅在对学习过程的认知条件、认知因素进行深入研究的基础上提出了“有意义接受学习”学说和“先行组织者”教学策略，还注意到影响学习过程的另一重要因素即情感因素，并在这方面提出了独到的见解（在当代众多教育心理学家中，能重视情感因素的作用并对此进行认真研究的并不多见），这些见解可归纳如下。

①动机可以影响有意义学习的发生。由于动机产生的时间较早，不参与到新旧概念产生联系的环节，所以并不能直接影响有意义学习的发生，但是动机确实是激发学习兴趣、提高学习效率、保持学习的专注性与持久性的关键一环。动机虽然不直接作用于实质学习中构建联系环节，但从侧面间接影响催化着新旧知识相互作用的产生发展，从而有效地促进有意义的学习。

②动机可以影响习得意义的保持。在习得意义保持阶段，动机作用的发挥也不明显。在知识掌握之后的巩固阶段，如何使学到的知识与技能得到有效持久的保持是这一阶段的关键，也是检验学习成果的重要指标。动机在这一阶段可以使学习者保持持久的高度热情，继续对已经掌握的知识进行反复巩固练习，从而有效地促进知识的保持。

③动机可以影响对知识的提取。保持过后的知识已经形成了完整坚固的知识体系，储存在大脑中备用。然而在提取过程中，使用目的性动机太强反而容易产生提取障碍，使原本保存在记忆中的知识无法得到及时有效的提取。例如，在考场上，由于时间紧张、环境氛围紧张，学生无法快速提取知识，影响其正常水平的发挥。但是如果提取动机太弱的话，不能调动学习者调取信息的积极性，无法发挥其灵活使用知识的能力，同样无法发挥其正常水平。

10. 合作学习模式

合作学习模式是组织学习者通过小组学习的一种策略，是指学生为了完成共同的任务，有明确责任分工的互助性学习。合作学习鼓励学生为集体的利益和个人的利益而一起工作，在完成共同任务的过程中实现自己的理想。合作学习必须有五个要素：小组成员之间积极的相互依赖关系、面对面的相互促进作用、无可推卸的个人责任、社会交往技能和小组合作技能、小组内部的自我评价[①]。合作学习模式可以培养学习者的团队意识、竞争意识，改善课堂教学的氛围，在提高每个人的学习水平的前提下，提高整体成绩。

---

① 王欢，李梅林．英语专业大一新生合作学习五要素调查研究[J]．现代交际，2010（3）：136–137．

但是，课堂里的合作还有四点不足之处。首先，如果学习速度慢的学习者需要学习速度快的学习者的帮助，那么对于快速学习的学习者而言，他们在某种程度上必须放慢进度，这会影响自己的发展。其次，具有较强能力的学习者可能能够支配不善或沉默的学习者，但这会使后者更加退缩。再次，互助很容易漠视个体的不同，影响合作中不同学习者的学习进度。最后，该团队的成就太依赖于个人的成就。

11. 发现式教学模式

发现式教学模式是完全靠学习者自己探索、发现知识的一种方式。在这种模式下，学习者被要求具有极强的好奇心与动手能力，对身边发生的事物充满好奇，对授业者提出的主题具有较强的分析能力。这一模式对学习者的要求极高，因为随着年龄的增长、教学内容难度加大，学习者自行发现知识的难度极大，所以此类模式只适合在低年级授课中使用，对学生发现的成果要求低，容易达成预期的教学目标。

教学模式多种多样，不同的教学模式都是从教学整体出发，按照教学原则，总结出典型、稳定、易学的教学形式和教学方法。简而言之，它是在某些教学学说指导下以简约的形式表达的教学活动的基本程序或框架。教学模式包括特定的传习理念以及本教学理念引导下的教程设计、教学原则、师生活动结构、方法和手法。各种教学方法可以集中在一种教育模式中。任何模式都不是僵化的教条，而是一个生长的程序框架。

二、英语教学模式综述

传统英语语言教学，一般过于强调人的主观能动性、过度拔高人的自主性和能动性、过于激进极端，又或者过度关注语言教学的客观环境、强调外在环境的重要性。而随着时代的进步，人们的视野变得更为开阔、教学理念愈发先进，开始在反思传统英语教学模式的基础上创造性地改进英语教学模式。

（一）英语教学模式内涵概述

英语教学模式必须面对世界、立足于我国实际的国情、立足于学校、扎根于教室，换句话说，我国英语教学模式的研究应该借鉴国外最新的教育学说、其他相关学科和外语教学研究成果，并结合我国外语教学的实践进行学习。继承我国传统语言教学的优秀教学理念和方法，把外来的东西本土化，融合中西文化。当然，这种整合应该立足于学校、扎根于实际的课堂教学。教学模式研究为教授者提供可选的教学工具，为学习者提供有效的学习工具，对推进课程标准和课程改革的实施起到积极作用。

（二）传统英语教学模式

传统英语教学模式在课程设置方面遵循“讲台 + 粉笔 + 黑板”这一模式。在传统英语教学过程中，教授者的角色绝对权威，强调语言系统的掌握和语言习得的运用；在教学方法上，大多数教授者都采用语法翻译的方法，通过教授者的教学和安排，学习者的语言技能得到了加强。例如，学习者只能通过观看视频，收听录音或广播电台并重播它们来提高他们的视听能力。传统教学模式的评估手段通常是，阶段测试占学期总分的 30～40 分，期末考试占 60～70 分，总结性评估成为该模型的主要评估方法。在教学技巧方面，许多教授者的主要任务就是教授，即把英语教材中的知识教给学习者，学习者的主要任务是“吸收”，即消化和理解教授者教授的内容。

传统教学模式的缺点有以下两点。①传统教学模式过分强调教授者和教科书的权威性。课堂环境主要由教授者、学习者和教科书组成。其中，课堂所有内容基本被教授者主导。在这种模式下，学习者往往有盲目崇拜书籍和迷信教师的心态，这在一定程度上阻碍了学习者对学习内容的思考。此外，教师容易忽视学习者的个体差异，消除学习者在学习过程中的主观地位和主观能动性。②传统教学模式使学习者缺乏独立思考的能力。整个英语学习过程几乎成了机械地记住书中的单词、语法和练习答案的过程，它将知识建构中的学习者新旧“图式”分开，忽视了学习者在认知能力上的个性差异。由于只是倡导理解的标准性和答案的唯一性，学习在具体情境中既广泛而又灵活的迁移被束缚了。另外，学习者在个人学习过程中相对封闭，不能从协作学习中获得很多好处。

在传统教学理念指导下的英语教学模式近几十年来占据主导地位。随着英语教学改革的不断深入，人们开始关注并重视以“学习者”为中心，强调学习者是信息处理的主体。可以说，英语教学在一定程度上已经发生了变化，英语教学越来越关注学习者的实践能力。

（三）英语教学模式的发展历程

英语教学模式是英语教学活动的基本结构。认识英语教学模式的历史进程，有助于人们从现今新型英语教学模式中吸取教训，帮助人们把握英语教学模式的成长趋势。

完整的教学模式始于一个独立的现代教育学系统。在中外教学实践和教学思想中，英语教学模式的雏形还要更早。毫无疑问的是，英语教学模式是起源于国外的。古代由于国与国的贸易、外交往来，外国语言传入我国，这与传教士的功劳是密不可分的。英语教学模式随着不同学说的发展逐步发展，在不同时间有不同的表现。

1. 行为主义英语教学模式

行为主义学派是20世纪初发源于美国的心理学派，也是世界上主要的心理学派之一。行为主义学派主张语言是一种行为，语言习得与其他人类行动相同，它是刺激—反应—增强这一过程的结果。根据行为主义学派的观点，如果学习者在学习过程中成功地经历这一过程，就可以防止语法错误出现，从而培养良好的外语习惯。这一学说不仅有助于人们加深对教与学的理解，而且有助于外文教授者运用这一学说指导他们的教学实践和外语学习。行为主义学说在教与学的过程中留下了较为明显的标志，并且仍然起着积极的影响作用。行为主义学说的有关看法仍然是当前大学英语教学中的一些基本原则，主要有以下几个方面。

第一，实践性原则。在外语教学中，我们必须要求学习者练习、练习、再练习，就好像他们在学习母语一样。实践是学习者对刺激进行适当反应的主要方式，也是掌握目标语言的重要途径。只有通过练习语言，才能做到回应、刺激。在高等院校英语讲习过程中，强调实践性原则显然是非常重要的。

第二，模仿性原则。语言学习主要是模仿性的，学习者应该如同小孩一样模仿一切。在学习外语的过程中，模仿经常被视为学习者对新语言作出适当反应的根本，也是形成用语习惯的第一步。

第三，口语性原则。行为主义语言学家觉得口语是语言的根本特性，因此口语是最先语言，书面语言是其次的。

第四，循序渐进原则。外语学习必须逐步规划和实施。学习外语需要从口语开始，然后才是词汇和语句。

综合性大学英语体验教程更能体现大学英语教学特点，重视学习者英语综合能力的提高，倡导遵循实用性、口语性和循序渐进的原则，这符合行为主义学说。大家都知道的是，随着语言学习的发展，人们慢慢意识到外语教学的目的是提高交际能力，而交际能力源于实践中的话语行为。综合英语大学体验课程的整体布局也反映了行为主义学说在实践教学中的运用。

（1）外语教学，提高学习者的口语表达能力

在行为主义学说的指导下，英语听说是教学语言中最具代表性的部分。行为主义学说认为，语言是一种习惯，是持续锤炼和加强的成果。在大学英语综合科

目的教学过程中，应该遵循听、讲的原则，首先听到教科书中每个单元的介绍，学习者通过听取导入的材料预览课程文本，在理解的基础上高声朗读、模仿，并反复几次。反复模仿真实的英语，可以在一定程度上纠正学习者的非标准语音语调。然后，我们可以灵活应用对话示例中出现的导入材料和关键词，完成后续的交流使命。学习者通过反复聆听、阅读、模仿和练习来提高他们的听说能力。教授者根据学习者的反应给予相应的鼓舞并补充不足的地方。

（2）关注学习者在课堂活动设计中的语言实践和体验

行为主义学说认为，实践是学习者对刺激做出适当反应的决定性途径，也是完全掌握目标语言的重要途径。教学的重点是如何使用语言，而不是授予更多关于语言本身的抽象知识，要遵循行为主义的实践原则，完成听、说、读、写、译的教学任务。在课堂上，授业者可以设置鼓舞人心和与学习者生活密切相关的问题，激发学习者积极参与的兴趣，通过对子、角色扮演、小组讨论、辩论等课堂活动形式，为学习者进行互助学习和互动学习创造更加真实的语境，让学习者在讲堂上发表意见，在实践中锻炼各种技能。

（3）合理安排内容结构，细化练习，从易到难

突出语言是一种习惯，也是行为主义学说的主要观点之一。习惯的形成也意味着语言从容易变得困难。在综合英语的教授过程中，授业者按照听、说、读、写、译的顺序逐个单位进行，最终完成教学任务。在听和说的部分，学习者先听、说、背诵和模仿，接着继续进行阅读和口语练习，以提高口语能力；在阅读部分，通过使用精心挑选的句子模拟练习，学习者学习模拟语言结构更流利的句子；在写作部分，在口头表达的基础上，学习者使用他们学过的语言，联结单元主题，与个人见解和经验联系起来，写短小的散文并提高他们的写作技巧。写作部分的技巧培训以听力和阅读部分的技能培训为基本，贯彻了从认识到使用、从口语化到正文化、从本体到语言循序渐进的原则。此外，教科书在每节课之后还有不同程度的语言补充练习，给出单词和短语，然后根据给定的句型进行句子翻译和句子背诵。通过在不同情境下重复表达主题词汇和短语，学习者将继续练习并加强对语言习得的记忆和保留以促进长期记忆。除此之外，在任何一小部分中都有合适的阅读技能练习和翻译技能练习，这些都基于教科书中的阅读材料。这讲求学习者在扩展单词的同时模仿使用语言的规定，并反复练习以提高阅读速率和翻译水平。

（4）在教学过程中积极实施鼓励行为

行为主义学说认为，学习者应该持续从教师的外语教学中获得鼓励。在教学

过程中，授业者应发挥核心作用和学习者的主人翁作用，授业者的任务是决策、组织和指导教学活动，筛选语言材料，教授语言知识，提高学习者的技能，激发思考，解释疑惑，并参与学习者语言练习活动；授业者还需要对学习者的学习过程进行评估和反馈，并同时关注学习者的学习方法，在引导学习者进行课堂活动的过程中，授业者尤其要注意纠错的方法，不能抑制学习者介入培训的积极性。授业者应鼓舞学习者重视语言的交际功能和实际意义，并对语言结构运用中的错误实时予以纠正。在授业者的指导下，学习者的角色应该是积极参与者、大胆表演者、有效的语言使用者和自主学习者。

2. 认知主义英语教学模式

第二次世界大战后随着各国经济的复苏和发展，各个国家对经济和文化发展的需求都导致出现了新的外语教学方法，在此背景下，基于认知心理学和乔姆斯基转换生成语法的认知方法出现在外语教学的历史舞台上。

语言学习的行为与动物行为类似，人类的智力和主动性在外语学习中的作用被否定，导致教学效果不理想。在 20 世纪 60 年代后期，美国语言学家乔姆斯基（Chomsky）的转换生成语法学说、瑞士心理学家皮亚杰（Piaget）的认知学说变成语言学领域的主要流派，他们将语言学习的活动看作受规则支配的创造性活动，从这个意义上讲，认知法所倡导的“有意义的学习”与听觉方法的“重复练习”相比有了明显的改善，这是外语教学方法的知识性、主动性和积极性的理性回归，是对听说法的一种反应。

认知这个术语来自心理学。认知心理学家重视感知、理解和逻辑思维等活动在获取知识方面的积极作用，并尝试在认知心理学学说的教学中运用认知心理学学说，它作为听说法的对立面开始出现。

（1）乔姆斯基的转换生成语法学说

1957 年，乔姆斯基出版了他的第一本书《句法结构》，正式提出了转换生成语法学说。之后，《句法学》和《笛卡尔语言学》陆续出版，这些著作的问世，意味着转换生成语法学说的诞生和成长。转换生成语法学说认为语言是由规矩支配的系统，人们拥有自然语言习得体制和语言能力；人类不是依靠机械的模仿和记忆，而是使用语言来理解语言规则，并创造性地使用语言。其语言学说的核心是语言规则体系和儿童语言习得机制。作为学说模型，转换生成语法在很多方面都与结构主义相对立。

乔姆斯基完全否定了结构主义学说，对结构主义做了最严厉的批评。他认为语言是一种行为、是人类习惯的一种产物，这种习惯一直被反应刺激，语言是人类的内在能力、是大脑生命中固有的能力，也就是说，语言学习是“人才自然学说”。认知方法是在语言学习的“人才自然学说”的基础上形成的。

（2）认知学说与认知法的产生

皮亚杰是认知主义心理学的代表人物。他认为掌握知识是一种智力活动，而每种智力活动都有一定的认知结构。他的认知学说强调人类互动的特征。他将人们的活动看作一个智慧的人，他调整个人与自然世界之间的关系，而不是简单的外部刺激和反应。因为无论人们接受刺激还是应对刺激，人们都会受到认知结构的影响。皮亚杰的认知学说从根基上撼动了行为主义的刺激—反应学习学说。

提出认知方法的第一位心理学家是美国人卡罗尔（Carol）。他认为学习外语是通过分析和理解来掌握言语、词汇和语法。这是与听说法学说针锋相对的观念，是基于学习者的内部研究观点。

认知方法将外语教学计划分为三个阶段：语言理解阶段，提高语言能力阶段和语言使用阶段。

①语言理解阶段。认知法认为理解是言语活动的根本。理解意味着学习者理解授业者或语言材料和语言规则的含义、构成和用法。所有语言学习活动都应基于理解，如句型的练习和听、说、读、写等能力的发展。理解是外语学习的第一个阶段。应该指出的是，对语言规则的理解并不取决于教师的解释，而是允许学习者在教师的指导下发现语言规则。

②提高语言能力阶段。认知方法认为，学习外语不仅需要掌握语言知识和结构，还需要具备正确使用语言的能力。通过有意识的有组织的练习来实现外语能力的提高。这个时期不仅要检查学习者对语言知识的掌握，还要提高学习者使用语言知识的能力水平。

③语言运用阶段。这一阶段的教学任务是提高学习者运用语言知识进行听、说、读、写的能力，并特别着重提高学习者的实际交际水平。该阶段将前两个阶段获得的语言知识内容与实际使用能力相结合，旨在使学习者发展自己的听、说、读、写能力。

认知方法寻求的外语教学的重点是提高学习者实际和充分使用英语的能力，全面发展其听、说、读、写四项技能。

3. 建构主义英语教学模式

建构主义也被称为结构主义，它主张学习者要逐渐建立对外部世界的认识，并发展出自己的认知结构。

个人与周围环境之间的相互作用涉及两个基本过程：同化与顺应。同化指的是个人将外部刺激提供的信息融入他们自己的认知结构（也称为模式）的过程；顺应是指在外部刺激影响下个体认知结构发生变化的过程。可见，同化是认知结构的量变（图式扩张），而顺应性是质变（模式变化）。个体认知通过同化和顺应与周围环境达到平衡。当现有模式不能吸收新信息时，平衡被破坏，修改或创建新模式（即一致性）的过程就是寻找新平衡的过程。认知结构是通过同化与顺应过程逐步构建的，在“平衡—破坏—新平衡”的循环中不断丰富、增强和发展。这就是皮亚杰关于建构主义的基本观点。基于这一学说，美国儿童发展心理学家科尔伯格（Kohlberg）、苏联心理学家维果茨基（Vygotsky）、伦敦大学教授卡茨（Katz）等人对建构主义学说进行了进一步的研究，还认真探索了个人如何在认知过程中发挥主动性，为实际应用教学过程创造了条件。

建构主义学说强调“认知建构”，它的一个重要理念是理解依赖于个人经验。因为人们的经历不同，所以对世界的看法不可避免地会有所不同。知识是个人与外部环境相互作用的结果。知识不是通过授业者传授的，而是学习者在与情境互动的过程中建构的。

建构主义学习学说的主要观点如下。

①学习不应被视为被动接受授业者提供的知识的活动，而应被视为基于学习者自身知识和经验的积极建设性活动。也就是说，学习者可以积极构建意义。因此，从这个意义上讲，学习者的学习活动必须具有创造性。形成自己特有的认知图式。

②学习是组织和重组学习者认知结构的过程。学习活动是一个“顺应”的过程，也就是说，学习者不断对现有的认知结构进行必要的调整和更新，使其适应新的学习对象，并实现“整合”。

③学习者的学习活动主要在授业者的直接指导下在学校环境中进行。因此，学习作为一项特殊的建筑活动具有社会属性，学习不是一个“封闭”的过程，而是一个需要与外界不断交流、发展和改进的过程，也就是一个沟通、反思、改进和协调的过程。

建构主义不仅主张强调学习者作为认知主体的角色，还主张忽视授业者的指导作用。建构主义认为学习者是信息处理的主体，是积极的意义建构者，授业者只是意义建构的助手和推动者。

第二节　大学英语教学模式的理论基础

一、建构主义理论

（一）建构主义的思想渊源

建构主义以教育学思想、心理学理论以及现实需要为基础，逐渐走向了与客观主义相对立的方向。建构主义强调事物本身并不能决定人对事物的理解，人对现实世界的理解是建立在原有知识经验基础之上的。不同个体的原有经验是不同的，导致他们在认识同一事物时会产生不同的理解。这意味着学习除了是一个积极主动的意义建构过程，还是一个积极的社会互动过程。建构主义的教学实践过程并不是将知识经验简单地装到学生的头脑之中，而是以学生原本就具有的经验为出发点，引导学生构建起新的经验。总的来说，知识构建的达成有赖于各参与共同体的社会互动。

（二）建构主义学习理论的基本观点

不同的建构主义理论尽管在具体的观点方面存在着较大差异，但是也有着共识之处，即在基本问题上存在共识。这里的基本问题主要包括有关知识、学生以及学习和教学等的问题。以下就建构主义学习理论中存在的共识与基本观点进行论述。

1.知识观

建构主义理论一方面质疑知识的客观性和确定性，另一方面对知识的动态性和情境性两方面特性进行强调。实际上，知识只是一种解释、假设，并不能通过知识来对世界的法则进行精准的概括。知识在具体问题中并不是一用就灵的，它只能是以具体情境为中心进行的一种再创造。对于不同的学习者而言，他们在面对同一问题时，往往会产生不同的理解。

2.学生观

首先，建构主义认为，学生在进入教室时，并不是空着脑袋的，而是带着多年以来在日常生活中、在学习过程中积累的经验的。因此，教师在教学过程中，要重视学生的这些现有经验，将其作为新知识的生长点。在现有经验的土壤中，引导、培养出新的知识经验。在教学实践中，教师要创设出一个理想的学习情境，并以此来使学生之间的合作得到增强，对学生这一学习主体的高级思维活动起到刺激作用，加强学生的推理、分析等能力，从而使学生能积极主动地建构起自己的学习观。

其次，建构主义认为学习的过程不是教师向学生传输知识的单一过程，而是学生自主建构知识体系的一个过程。学生在学习的过程中，不是被动吸收信息的主体，而是主动建构意义的主体。就建构的过程而言，学生的主体作用是不能被其他人代替的。

关于学生的知识建构过程，主要会表现出三个主要特征。第一，学习的社会互动性。关于学习任务的完成，有赖于学习过程中各学习成员的沟通交流，有赖于各成员之间的学习资源分享。第二，学习的情境性。关于知识的存在，只有将其置于实际情境的应用活动之中，才能使其被人们真正理解。知识要是脱离活动情境并且抽象地存在是不可能的。第三，学习的主动建构性。学生这一学习主体在面对新信息、新概念和新命题时，都会基于自己的原有知识经验来建构起自己的理解。

3. 学习观

基于建构主义的知识观和学生观，可以推导出学习过程具有的基本特点，主要有以下三个方面。

（1）主动建构性

建构主义理论认为，首先，学习是学生主动建构自己知识的过程，是主动接收信息的过程。学生是建构信息意义的主体，这一过程必须由学生自己来完成。其次，学习是个体主动构建自己知识的过程，学生在学习的过程中要主动以外部信息为中心，展开选择和加工，也就是说学生不是被动的刺激接收者，学习也不是“刺激—反应”这一行为主义所描述的过程。最后，学习并不是简单的信息积累过程，学习是由于新旧经验的冲突而导致的结构重组和观念转变。关于学习的过程，述说起来就是新旧经验之间相互作用的一个过程，而不是以信息为中心的输入、存储以及提取的过程。总而言之，建构主义与认知主义的信息加工论有着明显的不同。

（2）社会互动性

首先，传统观点会将学习活动的社会情境视为一种背景，简单地认为学习是学生在头脑中进行的活动，没有将其作为实际学习过程的一部分，更有甚者直接忽视了社会情境。其次，建构主义者认为，学习是在某种社会文化的参与之下，内化相关的知识和技能、掌握有关的工具的一个过程。通常情况下，这一过程的完成有赖于学习共同体的合作互助。而作为学习共同体中扮演组织者、促进者角色的教师，他的核心责任是围绕着学习共同体为中心的相关学习活动展开组织和设计。

只有学生的知识和思维策略二者都被外显化和精致化，才能使学生的思维和学习活动的质量得到提高，才能有利于促进学生的反思。因此，学生除了要将自己的思路及观点进行明确化，还要能为其提供足够的证据支持，并以此为依据来展开自我解释。

（3）情境性

传统教学观念认为，学习的核心内容是可以从具体情境中抽象出来的概括化知识，学生在缺乏社会实践情境的状况下，通过学习所获得的概括化知识，在具体情境中，可以自然而然地实现迁移。但是，情境并不是一成不变的，它不仅是具体的，更是千变万化的，这导致学生无法适应具体情境的变化，无法有效地、灵活地运用在学校中学习到的知识，更别说是解决现实世界中的问题，或是参与到社会实践活动之中了。与传统教学观念不同，建构主义主张的观点是情境性认知。它认为，作为学习者，一方面要对情境中所提供的支持条件做到充分洞悉，另一方面要对情境中的支持条件所能支持的活动和相关交往方式有所了解。

（三）建构主义教学理论

20 世纪 80 年代末，构建主义学习理论兴起。继认知主义学习理论之后，逐渐发展起来的建构主义学习理论，作为一种新的学习观出现，这无疑又是一场重要变革。最早提出建构主义学习理论的人是心理学家皮亚杰，他提出：儿童自身与周围环境的相互作用，即在同化与顺应这两个基本过程中，儿童对外部世界的知识的建构逐步实现，从而，使儿童自身的认知结构得到发展①。美国心理学家布鲁纳（Bruner）依据皮亚杰的学习理论，进一步提出了学科结构论，并且在这一理论中主张“发现教学”。科尔伯格针对建构主义学习理论，进一步研究了认知结构的性质，以及认知结构的发展条件。以美国心理学家斯腾伯格（Sternberg）和卡茨为代表的学者，强调在认知结构的建构过程中，起到关键作用的就是个体的主动性，并针对在认知的过程中如何使个体的主动性得到发挥进行了探索研究。

① 林正柏．基于 MOOC 理念的大学英语课程教学研究 [M]. 北京：北京工业大学出版社，2019.

文化历史方面的知名学者维果茨基创立了文化历史发展理论，他针对学习者所处社会文化历史背景，对学习者的认知所能起到的作用进行了强调。社会文化历史理论认为在此基础上发展起来的社会建构主义深入地研究了“活动”和“中介作用”在人的高级心理机能发展中的重要作用。

建构主义理论的研究过程是对建构主义理论的进一步修正，也是对建构主义理论的进一步完善，为其在教学中的实际应用奠定了基础。建构主义的提倡者主张，学习者的知识是学习者处于一定的社会文化背景中，在教师或是学习伙伴的帮助下，通过人际协作，利用一定的学习资料，以意义建构的方式得到的，而不是通过教师传授得到的。依据这些内容，建构主义学习理论研究总结出了关于学习的四大要素，分别是情境、协作、会话以及意义建构。

建构主义强调人的发展具有主体能动作用，主张学习者的学习是在教师指导下，以学习者为中心的学习；主张重视学习者在认知中主体作用的同时，也不能忽视教师在学习中具有的指导作用；针对教师在学习者学习的过程中所扮演的关于意义建构的帮助者、促进者的角色进行了确认，否认了教师作为知识的灌输者与传授者的角色；确认了学生是信息加工的主体、意义的主动建构者的地位，否认了学生是学习过程中知识的被动接受者和被灌输对象。建构主义理论不仅可以促进人们对学习性质的认识，还对学习的过程有着重要启示。

以建构主义学习理论的基本观点为基础，进一步形成了建构主义教学理论。建构主义教学理论主要包括以下内容。

1. 教学观

在学习的建构过程中，在知识的动态性和相对性两方面特性的影响下，教学逐渐由传递客观确定的现成知识，转变为对学生原有的相关知识经验进行刺激，并促进知识经验的“生长”和相关知识的建构活动，并以此为基础来使知识经验的重新组织、转换、改造得以实现。关于教学，首先，教师要创设一个理想的学习情境，来激发学生的高级思维活动，如推理、分析、鉴别等；其次，为保证学生自身建构意义的发展以及促进问题的解决，教师不仅要给学生提供丰富的信息资源和适当的帮助，还要为学生提供处理信息的工具。

研究者以建构主义的观点为出发点展开研究，提出了包括情境性教学、支架式教学等在内的新教学思路，并且对数学、科学以及语言等领域的教学实践来说，这些模式都有着巨大的影响力。部分建构主义者以学习和教学为中心，做出了新的解释，它除了对学生经验世界具有的特性，即丰富性和差异性进行强调，还对学习具有的社会互动性、情境性以及主动建构性进行强调。

总而言之，学生是知识的主动构建者，只有在教学中创造出一个理想的学习环境，才能有助于学生的自主建构活动。

2. 教学原则

关于建构主义理论，首先，它在教学原则方面从学生的角度出发，强调以学生为中心，一方面使学生从外部刺激的被动接受者逐渐转变为信息加工的主体，另一方面使学生从知识灌输的对象逐渐转变为知识意义的主动建构者；其次，关于建构主义理念下的教学活动，从教师的角度出发，一方面强调教师从知识的传授者逐渐转变为学生主动建构意义的帮助者，另一方面强调教师从知识的灌输者逐渐转变为学生主动建构意义的促进者。

总而言之，不管是教师还是学生，在建构主义学习环境下具有的地位与作用，相较于传统教学都发生了极大的变化。关于建构主义理念下的教学原则，主要包括四个方面的内容。第一，以学生学习的情境和学习环境为中心，展开精心设计，并以此来支持学生的学习，使学生在今后再次面对相同的问题时，能够顺利解决。第二，在具体课堂教学中，要保证学习任务与日常活动一致。第三，要支持学生积极进行反思，包括反思学习内容、过程等，要积极发展学生在自我管理方面上的能力，要对学生的怀疑和批判能力进行培养，要把学生的观点置于社会背景中进行检测，要引导学生成为自主的学习者。第四，教师要给予学生一定的解决问题的自主权。在教学中，教师一方面要对学生的思维进行激发，另一方面要对学生独立解决问题的能力进行培养。

3. 教师的角色定位

关于建构主义教育理念背景下的教学活动，从教师的角度出发，除了要将学生视为学习活动的主体，还要将其视为教育活动的主体。在具体教学中，教师所能起到的作用主要体现在：首先，教师除了是知识的传播者，也是学习领域的设计者、组织者以及指导者；其次，在学习活动中，教师除了是合作伙伴、协商者以及咨询者，还是学生进行模仿的榜样。

在教学实践中，任何一个学生都有各自的独立世界，每一个人都是人格独立的，是具有独特特点和发展潜力的。作为教师，要对学生的个性和特长予以充分的尊重，一方面要重视因材施教，另一方面要以学生为中心，除了要帮助他们建立成就感和增强自信心，还要促使他们主动进行自主学习和创造。

在教学活动中，教师不仅扮演着组织者、设计者的角色，还扮演着帮助者和指导者的角色。在整个教学活动中，教师在对学生的学习进行帮助和引导时，要将自己视为学生的学长、朋友。

除此之外，不管是教学设计还是教学实践，教师都要在学生实际情况的基础上，对学生的学习需求进行充分的满足，还要以学生为中心，为他们创造出一个优良的学习条件和环境，并以此来促进学生的学习与发展。

4. 教学方法

在上述建构主义的理论框架下，目前比较成熟的、应用较为广泛的教学方法主要有以下几种。

(1) 支架式教学

“支架”理论，是由新维果茨基派的学者，基于维果茨基的“最近发展区”理论，在经过多年发展并被广泛接受的基础之上而提出的。“最近发展区”是指学习者现阶段的语言水平与即将取得的潜在发展水平的差异。“支架”理论中的支架原意是用于建筑工地的脚手架，在这一理论中将“支架”比喻为一种起辅助作用的概念框架，主要用于解决问题与建构意义。

教师引领学生如攀登脚手架一般，使学生从一个阶段的认知水平跨入另外一个更高的水平领域之中。这些脚手架是由概念框架组合起来的，使这种概念框架达到最完善的状态是教师的职能之一，一旦学生具备了独立完成某种学习任务的能力，这种作为辅助物的“支架”就失去了作用。“支架”理论的目的在于通过有效的教学互动，来辅助学习者独立完成教学活动。对个体的发展水平，至少要确定两方面，一方面是现有发展水平，另一方面是学生通过来自成人和同伴的指导、合作，能达到的解决问题的水平，这二者存在的差异直接影响了学生心理发展的最近发展区。

“支架”理论不仅能发挥教师的指导作用，还能体现出以学生为中心的教学理念，即现代教育理念。近年来，有外语界学者，将“支架”理论渗透于英语写作教学之中，经过研究得出，结合“支架”理论的教学模式既可以减轻教师负担，又可以提高教学效果。通过在课堂问答活动中逐渐融入“支架”理论，一方面来对教师是否了解学生的最近发展区进行研究，另一方面对教师是否了解适时搭建促答的平台的方法进行研究。教师在引导学生提升认知水平的过程中，扮演着参与者与诱导者的双重角色，教师通过一些提问策略，如重复、追问、改变词句等方式的变换使用，来为学生搭建穿越“最近发展区”的“支架”。

教师要注意对教学与发展的把控，教学应走在发展的前面，只有这样才能实现最好的教学。问题提出时，学生即使知道答案，也有可能不能马上回答出来，在学生能独立回答问题之前，教师提出的每一个问题，均能体现出支架式教学模式，并且学生的“最近发展区”也呈现出动态变化的特征。

学生的最近发展区，可以说是在不断变化中逐步提升的。当教师的提问使学生开始沉默，代表了这一问题可能难度过大，这时教师要对学生进行适当的引导，提高学生的认知水平，当这一水平得到稳固之后，应引导学生继续迈向更高水平。教师在学生独立回答问题之前搭建的“支架”为教学活动与课堂提问带来的效果是显著的。

（2）抛锚式教学

抛锚式教学的教学要求是以有感染力的真实事件为基础的。此处的“抛锚”是一种比喻，是指确定这类真实事件，而一旦这类事件被确定，那就说明确定了整个教学内容和教学进程，用比较形象化的比喻来说，就像轮船被锚固定了一样。

而建构主义认为，对于学习者来说，置身于现实世界的真实环境中，通过自身的感受和体验，来主动地获取经验，实现学习的目的，是其完成以所学知识为中心的意义建构，对所学知识及其反映的事物进行深刻理解的最佳方式。其中的事物，除了有事物自身的性质，还包括事物与其他事物之间的联系。相应的，传统教学中通过聆听的方式来获取经验的介绍和讲解的方式，其教学效果是劣于真实情境中的经验获取的。抛锚式教学，是以真实事例为基础的，因此也被称为“基于问题的教学”。其主要由以下几个部分组成。

第一，创设情境。这一组成部分使学习能在与现实相类似，或者是相一致的情境中发生。第二，确定问题。这一组成部分是基于创设情境，选择学习的中心内容，并且这一内容是与当前的学习主题有着紧密联系的问题和真实事件。在这一环节，学生要围绕着他们面临的需马上解决的现实问题，就是所谓的“锚”，因此，确定问题的这一环节，其作用就是“抛锚”。第三，自主学习。这一组成部分是教师提供解决问题的线索给学生，并引导学生去解决问题，在这一环节中，当学生面对问题时，教师并不直接告诉其解决的方法。第四，协作学习。这一组成部分是指以小组的形式展开教学，通过组员之间的讨论和交流活动，在观点与观点的交锋过程中，使学生对问题的理解不断得以补充、修正和加深。第五，效果评价。这一组成部分是指教师仔细观察并记录学生在学习过程中的具体表现。通过这种教学方式而展开的教学效果评价，无须再对教学过程进行专门测验。

（四）建构主义教育理论在实践中应注意的问题

在建构主义教育理论支持下的教学活动，所需直面的困难和挑战依然存在。关于建构主义教学实践，在具体实施的过程中，需要注意的问题如下。

1. 关于传统教学管理的挑战

建构主义教育理论背景下的教学活动，对教学管理有了新要求，简单来讲，就是需要教学管理相关人员，围绕着课程管理、教学评价以及时间安排等诸多内容，做配套的改革。广大教师在教学实践中，相较于传统模式下的教学，在建构主义教学理论下的教学活动所需要的时间更多，并且，在有必要的情况下，相关任课教师出于教学的需要，会展开团队合作进行课程整合。

相较于传统的教学，建构主义理念下的教学形式、要求，与之有着很大的不同，教学评价的方式也要适当地做一些调整，这对于传统的教学管理来说是一种挑战。

2. 关于传统教学观念的不利影响

当前教育领域中的多数教师，他们接受的教育就是以教师为中心的，这种来自学生时代的影响，使他们无法在短时间内完成教育观念的转换，导致他们在具体实践课堂教学中，自然而然地就会运用这种印在脑海中的教育理念。而教师在具体教学过程中，在教学观念方面，既缺乏批判精神，又缺乏创新精神，其结果必然会造成学生批判能力和创新能力的缺失。因此，要面向广大教师积极推广建构主义的教学理念，推动教师的教育观念的转变。

3. 关于教师主导与学生主体相结合的新要求

传统教学模式往往是以教师为中心的，即重视教师在教学中的主导作用，忽视教学中学生所具有的主体地位。在建构主义理念下的教学，则恰恰相反，走向了另一个极端，即过于重视学生的主体地位，却忽视了教师具有的主导作用。

这两种教学模式所主张的教育思想都有所偏颇，如果将这二者有机地结合起来，就可以形成正确的教育思想，即在充分发挥教师的主导作用的同时，又使在学习过程中学生具有的主体地位充分凸显出来，真正实现教师主导与学生主体相结合，若是过于重视一个方面的内容，则会给实际教学工作带来危害。

在建构主义理论下的教学活动，虽然主张以学生为中心，但是，要想使教学设计的每个环节都能落到实处，就要充分发挥教师的主导作用。在建构主义这种新型教育思想学习环境下，不管是教师主导作用的发挥，还是学生主体地位的体现，都有着重要的意义，因此，要将两个方面的内容充分体现出来。

关于教师主导作用的表现，其一，体现在教师讲解学习内容的过程中；其二，体现在教师对学生的启发和引导过程中；其三，体现在情境创设、信息资源提供以及研究性学习的指导等诸多方面。也就是说，在教学中，只有使教师的主导作用能够充分发挥出来，才能实现学生主体地位的体现，所谓的教师主导与学生主体相结合教育思想的教育目标追求就是如此。

纵观众多教育理论，可以得知建构主义理论除了是一种学习理论，还是一种包含了新教学思想的理论。建构主义理论除了对学习者的自主建构、探究，以及自主发现进行强调，还要求将多种学习方式相结合，其中包括学习者的自主学习、学习者以解决问题为基础的研究性学习、学习者以情境为基础的合作式学习。因此，建构主义理论下的教学，除了可以促进学习者创新意识、创新思维发展，还有助于学生创新能力的培养。这一理论的出现，有助于教育中最突出的矛盾问题的解决。

4. 关于教师教学技巧和管理能力面临的挑战

在建构主义教育理论下的教学，教师要对学生的学习进行引导，帮助他们由简单地从书本中获取知识，转变为主动对自身知识进行建构。因此，教师为使学生知识建构过程中的需求得到满足，除了要掌握相应的教学技巧，还要充分掌握相应的教学策略。

在具体教学活动中，教师所采用的教学方法，必须考虑到学生有自己的认知经验，不能灌输知识，应该配合学生的学习。换句话说就是人不是机器人，思维是不受任何人支配的。在建构主义理论指导下的教学中，学习是学生自主学习，教师起辅导作用，因而提倡合作学习，也就是说学生不是被强迫地去学习，而且在学习中具有的自由度是相对较大的。因此，教师在面对较为分散的学习环境时，要具有较强的监控和管理能力。建构主义理论下的教学活动，对教师的教学技巧提出了更高的要求，同时对教师的管理能力来说也是一种挑战。

二、教学系统设计理论

（一）教学系统设计概述

教学系统设计最早出现于军队和工业培训领域。20 世纪 60 年代，教学系统设计才作为一个独立的知识体系，逐渐引入我国的学校教育中，并得到了比较快速的发展。当前，教学系统设计得到了相当广泛的应用。国内外教育领域中，不管是在课程设置、培训计划方面，还是在教材资源等方面，都相继开展了教学系统设计，并在发展过程中，逐渐收获了许多成功经验。在我国大学中的课程设计以及多媒体教材设计中，人们也越来越重视教学系统设计理论。

1. 教学系统设计的基本内容

（1）教学系统设计的目的

教学系统设计的目的在于优化教学和促进学习。教学系统设计的理论基础是学习论、教学论等，其内容简单点说就是先明确要达到什么样的教学目的，然后对教什么（教材、课程、资源等）和怎么去教（组织、方法、传媒的使用等），最后又怎么评价教和学的这一系统过程进行具体的设计。关于这一过程，一方面有助于解决在教学中碰到的实际问题，另一方面有助于教学系统预期功能的实现。

关于教学系统设计，首先，它可以直接用于教学过程，并使以印刷教材、音像教材为代表的，用于实现教学目标的教学资源得以完成合理分配。其次，它可以是围绕着一门课的大纲，还可以是围绕着一个单元或者一节课的教学计划展开的详细说明。

（2）教学系统设计的研究对象

教学系统设计的研究对象，是研究教与学过程的系统程序。首先，这一系统主要包括的内容有教学内容的选择和组织、学习目标的编写、教学活动的设计、教学方法与媒体的选择和运用。其次，关于对教学系统设计进行研究的方法，其实是应用系统的方法研究，不外乎就是围绕着教与学这两个系统中的要素与整体之间存在的联系进行探索，找出规律，并对它们之间的关系进行综合考虑和协调，以此来使各要素能够实现有机结合，使教学系统的功能得以实现。

（3）教学系统设计的作用

教学系统设计的作用是运用已知的教学规律，以教学问题为中心，寻找出创造性解决方案。

2. 教学系统设计的构成要素

（1）静态要素

静态要素就是教学组织者在组织教学的过程中，通常情况下会忽略的设计要素，并且这些要素是相对稳定的。静态要素主要包括以下几点。第一，管理要素，其概念是指与管理维护存在联系的因素，包括管理者具有的素质以及管理规章的合理性等内容。第二，学习者要素，指学生所具有的综合素质，如学生应用计算机的能力、学生合理分配使用计算机的时间等。第三，技术支持要素，指教学的硬软件配置，如多媒体、网络教学系统等。第四，信息资源要素，指教学中，可支持教师和学生展开教学和学习的多媒体资源，如课件、题库，以及网络资源等。第五，物质环境要素，指那些客观存在于教室内外的具体的环境要素，包括教室里的空间结构、上课使用的桌椅的摆设以及教室的室内温度和教室外面的噪声等。第六，教学组织者要素，指教师组织课堂教学的能力，此处是指以其应用计算机的能力为代表的综合素质。

（2）动态要素

关于动态要素，其概念述说起来是指运用于教学、为教学服务的多媒体网络教学系统功能，在实现教学的过程中，由教学的组织者灵活掌握，以教学内容、目标、策略以及教学媒体为代表的诸多要素，具体内容有以下几点。第一，教学目标要素，指学习者在教学活动后需要掌握的内容，包括应掌握的知识和技能有哪些、应培养的态度和情感是怎样的。通过可观察、可测定的行为术语，来对学习者的学习成果进行准确表达。第二，教学内容要素，是指要求学生系统学习的相关内容的总合，包括需要系统学习的知识、技能以及行为经验。第三，教学策略要素，指出于要完成特定的教学目标的目的，一方面要综合考虑教学中所需采用的教学模式、方法以及组织形式，另一方面要综合考虑教学中应选择的教学媒体。第四，教学评价要素，指通过具体可行的方法对某一教学阶段里的教师教学和学生学习的结果进行评价，看是否符合之前定下的教学目标。第五，教学活动要素，即教学设计方案的具体体现，为进一步修改教学设计，提供所需实践经验。第六，教学媒体要素，即直接加入教学活动之中，在教学过程中可使用的信息传输手段。

（二）教学系统设计的基本概念

1．“艺术过程”的概念

从表面上看教学是一门技术，需要教师用专业知识和方法去完成教学任务。但从整个教学过程来看，教学更像是一门艺术，教师针对学习的每个环节进行相应的教学设计像是在进行艺术设计创作，而教师就是艺术家，不同的教师讲授相同教学内容，所执行的教学设计可以不一样。此外，因为教学设计注重对各种多媒体资源的合理利用及设计，所以教学设计可看成作为艺术家的教师在进行一项严谨的艺术创作的过程。因此，设计人员不仅要有充足的知识储备和丰富的经验，还需要具有艺术素质和创造精神。

2．“科学过程”的概念

夸美纽斯和赫尔巴特提出过“教育科学”的观点，对设计的定义进行了描述，即设计是一种科学过程，以设计为中心而展开的早期探讨和研究，它们与程序教学之间有着紧密的联系。美国心理学家斯金纳（Skinner）在《学习的科学和教学的艺术》一文中，首先，对科学过程的基调进行了确定；其次，通过联结学习理论来对教学过程中的教学材料和教学步骤进行安排；最后，教学设计者出于要保证教学有效性的目的，致力于为设计工作找到科学基础。

许多学者对教学设计进行了划分，将其分为两个层次，即宏观层次和微观层次。

①宏观教学设计。在教学设计中，一个科学合理的决定，往往是基于比较型的经验研究的。在设计过程中，围绕着两种媒体或者方法而展开的比较，会涉及非常多的变量，这导致令人满意的设计建议难以实现。

②微观教学设计。为保证微观决定的科学合理性，除了要关心引入的教学理论、学习理论，还要注重知识概念、技能以及某种思想的传播。

3．“系统工程方法”的概念

教学实际上是一个复杂的过程，难以有固定的因果关系，如在某条件下，如果实施某种策略，不一定就能得出某种结果。在教学设计中，从工程学中引入和采纳系统方法，一方面为教学设计提供了理论上的依据，另一方面找到了在科学设计运行方面的具体操作方法。

4．“问题解决方法”的概念

教学设计人员非常关心导致教学失败的具体原因，希望找出教学实践过程中存在的具体问题，以及问题解决过程。此观点的好处是要先确定问题所在，然后把问题具体化、详细化，针对这个问题找出相应的解决计划，为实现问题的解决而不断修改评价，抑制某些不成熟方案的产生。

5．“强调人的因素”的概念

教学设计任务的发展不仅对教师本人的综合素质提出了更高的要求，还对设计人员进行教学设计应有的素质有着更高的要求。教师和设计人员具有的素质能力，不管是事业心和态度，还是个人的教育价值观和标准等，都对设计有很大的影响。因此，教学设计要首先抓好对教师和设计人员的培养。

（三）教学系统设计模式

1．“以教为主”的教学系统设计模式

关于“以教为主”的教学系统设计模式，为其提供理论支持的理论主要有两个，一是认知主义学习理论，二是行为主义学习理论。

（1）四个基本要素，三个主要问题

四个基本要素是指教学目标、教学资源、学习者特征、教学评价。这四个要素与教学系统的设计有着紧密的联系，整个教学模式的框架就是以这几个要素为基础建立起来的。

三个主要问题：以教学效果为中心，展开教学评价、检查以及评定预期；结合专业特点和市场需求分析教学需求，明确学生本学期必须学到什么；确定好教学目标以后，根据专业特点选择教学内容和教学资源，确定教学策略和方法，并且着重强调要围绕着学生本身的特点和个性来进行分析。

（2）较有影响力的教学内容组织编排方式

教学内容的概念是由教育行政部门或相关培训机构制定或者选择的，以教学目标为中心展开的、具有计划性的，包括了学生在学校要系统学习的知识技能、思想观点以及行为经验三方面内容的总和。而教学内容的确定，述说起来主要包括以下四个步骤：一是选择与组织单元；二是对单元目标进行确定；三是分析任务；四是对所选内容进行评价。

教学内容组织编排方式，经过几十年来的发展，形成了三种较有影响力的方式，分别是布鲁纳的螺旋式编排方式、奥苏贝尔主张的渐进分化和综合贯通方式以及加涅的直线式编排方式。在进行教学内容的具体安排时，可综合运用这三种方式。

教师在进行教学活动时，必须把握整体来推进教学活动，这就需要制定和选择教学策略，关于教学策略的概念，述说起来是以特定的教学目标为中心，为使其能够顺利实现而使用的教学活动的程序、方法以及形式等诸多因素的一种总体考虑。因此，教学策略的设计最能体现教学设计的创造性。当前，被广泛使用的以教为主的教学策略主要有“假设－推理策略”和“九段教学策略”等。

（3）“以教为主”的教学系统设计模式中的教学评价

关于教学评价，述说起来主要包括两种形式。一是形成性评价。其概念是指为了使教学活动获得一个更好的活动效果而对教学活动展开的评价。对教学进行形成性评价，是为及时了解每个阶段的教学情况和学生在现教学阶段学习的具体进展和不足之处，通过形成性评价而获取的教学信息反馈，可以支持教学工作的调整和改善。二是终结性评价。就其性质而言，更倾向于事后评价，主要是用于教学活动告一段落时，围绕着被评价者在教学中获得的较大成果而展开的，主要是对其进行全面鉴定、区分等级。

教学是动态的过程，总的来说，对教学系统进行设计的过程是比较灵活的，应根据阶段问题灵活应对、适时调整。在这一模式中，教师要在教学风格基础上结合自身的教学实际情况，对教学设计的各个环节，以任意的顺序进行安排。在整个教学过程中，要将评价与修改贯穿于其中。

2.“以学为主”的教学系统设计模式

（1）教学系统设计模式环节

建构主义为“以学为主”的教学系统设计模式提供了指导理论，主要包括以下方面：其一，以教学目标为中心展开的分析；其二，学习情境创设；其三，自主学习设计；其四，以学习者具有的特征为中心展开的分析；其五，协作学习设计；其六，信息资源的设计与提供；其七，学习效果评价设计。

以建构主义教学理念为基础的设计模式中，对学习者特征的分析有着非常重要的地位，这一环节中，学生除了是学习的主体，还是意义的主动建构者。而关于学习者特征分析的主要目的，述说起来是以学生现有的能力与知识水平为出发点，来设计出与学生相适应的教学内容和问题，一方面以恰当的方式来对学生的学习进行指导，另一方面向学生提供丰富的学习资源。

（2）自主学习策略的设计

在建构主义理论指导下的教学活动，非常重视学生自主学习策略的设计。这里讲的自主学习策略，是指教师为了使学生的有效学习能够更上一层楼，以学习环境氛围中各元素的模式和方法为中心而展开的设计和安排。自主学习策略的核心，除了要充分调动和发挥出学生学习的主动积极性，还要注意体现出学生的学习主体作用。

教师在展开自主学习策略的设计时，要充分考虑两个方面的因素，即主观因素和客观因素，主要有以下内容。首先，主观方面。述说起来是指学生自己本身原有的客观能力，如自己特有的记忆力、思维能力、想象力等认知能力和知识结构等。不管是认知能力，还是认知结构，它们都属于智力因素，在主观方面，还包含着非智力因素，就这两类因素中，智力因素对学生进行学习策略的选择而言，是起着主导作用的。其次，客观方面。述说起来是指知识内容的特征，并且这一特征对学习策略的选择有着决定性的作用。

建构主义学习中，在重视学习主体——学习者的同时，也没有忽视教师在教学过程中具有的指导作用。教师无论在怎样的情况下，都具有控制、管理教学过程，以及帮助和指导学生学习的职责。由于学生是独立的个体，在认知和建构的过程中具有明显的个体差异，即使是采用一样的学习路径，他们所面对的困难也不尽相同，在这种状况下，教师要依据具体情况、具体问题，适时做出有针对性的反馈。因此，教师在教学过程中，要格外注意对学生的学习进行适当的引导和启发，目的是促使学生走向意义建构。

（3）“以学为主”的教学系统设计模式中的教学评价

仅仅以客观的教学目标为依据的建构主义评价是不全面的，因此，要将学习任务的整体性评价，以及学习参与度的评价等内容，纳入评价的范畴，也就是在对学生学习结果的优劣进行检测时，采用让学生完成真实任务的方式，使学习结果的检验是在实践中进行的。源于建构主义的评价意味着使用的工具多是自我分析和元认知工具，而对于强化和行为控制工具的使用方面来说，则有一些弱化了。

3.“教师主导与学生主体相结合”的教学系统设计模式

两种教学系统设计相结合之后，就形成了“教师主导与学生主体相结合”的教学系统设计模式，也就是说“教师主导与学生主体相结合”的教学系统设计模式是建立在“教”和“学”教学系统的基础之上的一种产物。而这种设计模式，一方面对教师在教学中的主导作用进行强调，另一方面也没有忽视学生在学习过程中的主体地位。

不管是从理论基础的角度出发，还是从实际设计方法的视角出发，此教学系统设计模式的目的都是使“以教为主”和“以学为主”两种教学系统设计模式切实进行优势互补、更好地激发学生的学习热情、挖掘出学生的学习潜力、培养学生获得知识的能力，并以此使学生取得最佳的学习效果，以达到教育教学的目的。

“教师主导与学生主体相结合”的教学系统设计，不管是从方法的角度出发，还是从具体实施步骤上来讲，它都是“以教为主”和“以学为主”的教学设计方法和步骤的综合。在这种教学系统设计模式中，教师可以根据实际的教学内容进行设计，也可以在学生已有的认知结构的基础上灵活地进行教学设计，这种设计可以是“以教为主”，也可以是“以学为主”。因为它具有公共部分和相互跳转的特性，所以在实际教学前，可以使该教学设计实现“教师主导与学生主体相结合”，接着在实际教学中，就可以相应的采用“以教为主”或“以学为主”的教学策略。

第三节　大学英语主要的教学模式类型

一、探究式英语教学模式

（一）探究式英语教学模式的概念

探究式英语教学是指教师用理论指导实践，引导学生对教学内容进行深入探讨，对相关问题展开多方面的研究并解决问题，在实践的基础上总结出结论的一种教学模式。探究式教学注重发挥学生的主观能动性，让学生自主探究，在学习过程中获得知识和技能、掌握科学方法、培养科学态度和精神。探究式教学的实质是提出问题、验证结论并揭示科学结论，即将观点、问题和开展的实验告诉学生，并说明由此获得的资料，将这些资料转化成科学解释。

（二）探究式英语教学模式的特点

1. 重视已有经验

认知理论认为，学生的学习不是从空白开始的，学生已习得的知识和经验会对新知识的学习产生影响。因此，探究式教学应该重视学生的已有知识经验，从学生实际出发，调动学生学习的积极性。

2. 注重对学生进行引导

在探究式教学中，教师引导学生，激发学生的主观能动性，让学生主动对事物和现象进行研究，通过探究来理解新知识与旧知识的内在联系，巩固所学知识，达到灵活运用的目的。在探究式教学中，教师还需要注意有机结合知识与科学方法，在学生掌握新知识的基础上，让学生通过假设、调查、观察、实验等形式开展探究活动，收集、分析信息，获得探究结果。

3. 培养探究能力

探究式教学是教师引导学生开展各种探究活动，让学生参与其中进行体验从而获得知识的过程。在这一过程中，学生构建起对新知识的认识，亲自得出结论，而不是教师直接将结论告诉学生，再通过实验等进行验证。探究式教学通过复杂多样的活动情境让学生获得知识，有利于学生从多角度理解知识、激发学生学习的内在动机、提高学生科学研究的能力，让学生在面对实际问题时，能够灵活运用知识去解决问题。

4. 重视知识运用

探究式教学重视知识运用，培养学生运用知识解决实际问题的能力。探究式教学能够综合多方面的知识，跨学科解决复杂的、涉及知识面广的问题。在掌握知识、运用知识解决问题的过程中，探究式教学更加贴近学生的生活实际，能够提高学生的实践能力。

5. 注重师生互动

探究式教学的核心是师生互动。探究式教学的出发点就是以学生为中心，调动学生的积极性，给予学生充足的探究空间，让学生自主探究，积极参与各种教学活动，体验亲自获得知识的过程。教师的指导与学生的自主学习不是非此即彼的关系，而是教师在尊重学生选择的基础上进行指导，学生在教师的指导下开展自主探究，二者是相互促进的。

（三）探究式英语教学模式的作用

1. 符合实际需要

探究式教学符合现代英语教学实际，能够满足现代英语教学的需要。探究式教学的目标包括以下几方面：①改变传统教学中压迫学生思维的做法；②坚持以学生为本的理念，促进学生的全面发展；③充分发挥教材的作用，培养学生的实践能力和创新能力。实践证明，探究式教学符合高校英语教学改革的要求。

2. 给予学生发挥空间

班级授课有利有弊。在信息科学技术不发达的情况下，英语课程采用班级授课的利大于弊。但在信息科学技术发达的现在，网络教育、远程教育等飞速发展，造成班级授课的弊大于利。班级授课难以因材施教，在一定程度上压抑了学生的个性，不利于学生的个性发展。实施探究式教学，能够减少教师的课堂讲授，给予学生充足的发挥空间，能够满足学生自主发展的需要，调动学生学习的积极性，让学生在探究活动中学习、在主动中发展、在探究中创新。

3. 以学生为中心

传统教学以教师为中心。在现代英语教学中，教师应该转变传统教学观念，在实践探究中主动学习，并引导学生学会自我探究，让学生从观众变为参与者。探究式教学以学生为中心，在探究活动中促进师生的共同进步。

（四）探究式英语教学的具体模式

1. 合作探究教学

（1）合作探究教学的概念

合作探究教学是一种教师根据学生的具体情况，将 4 到 6 人混合编成一个小组，小组成员职责分明，互相帮助，共同完成探究任务，并以小组的成绩为评价依据，最终促进个人发展的教学模式。

（2）合作探究教学的特点

①在合作探究教学中，学生既要对自己负责，还要对小组其他成员负责，在小组合作中要互相帮助。②小组成员都要明确自身责任，做好本职工作。③小组内的成员应该安排合理，使其能够取长补短。④小组成员之间要及时沟通，学生的社交技能水平会影响合作探究的效果。⑤小组成员要进行自评和反思，以促进共同进步。

(3) 合作探究教学的过程

①合作探究要以互动、合作为重点，设计合理。②教师要提前设定探究目标，为评价提供依据。③学生通过合作探究，共同完成探究任务。④评价探究成果，反思探究过程。

(4) 合作探究教学的注意事项

在合作探究教学中，容易出现以下几方面的问题。①合作探究流于形式，问题设置过于简单。②注重探究过程，但忽视评价过程。③分组及问题设置不合理，不能兼顾所有学生。

根据以上几方面容易发生的问题可以认识到，在合作探究教学中，教师提出的问题应该具有启发性、合理性，紧扣教学重点和难点，能够调动学生合作学习的积极性；教师要引导学生总结探究成果，让探究答案达成统一；教师应提供具有层次性的问题，兼顾所有学生，让后进生树立信心，让优秀生帮助后进生，形成良好的学习氛围，促进全体学生进步。

2. 自主探究教学

(1) 自主探究教学的概念

自主探究教学是教师调动学生的主观能动性，注意发散学生的思维，引导学生进行自主学习，让学生自觉投入学习活动中，让学生进行自主探究、开展独立思考、主动构建知识的一种教学模式。

(2) 自主探究教学的特点

①在自主探究教学中，教师作为教学活动中的主导，学生作为学习的主体，形成民主的师生关系。②教师注重对学生进行引导、启发。③强调发挥学生的主体作用，注重学生参与。④关注开放性和研究性，提倡适度合作探究。⑤注重教学的互动性。⑥探究问题的有效性和合理性。

(3) 自主探究教学的过程

①教师明确教学目标，使教学内容具有整体性与开放性。②由于自主探究包括个人探究、同伴互探、小组齐探、全班共探等形式，教师应该考虑如何恰当分组，如何指导学生。③教师通过内外运用、分层运用和反馈等，引导学生实现应用迁移。④教师给予学生自主探究的时间，让学生主动探索。

(4) 自主探究教学的注意事项

在自主探究教学中，容易出现以下几方面的问题。①由于教师未能进行恰当引导，学生难以完成探究任务。②教师主导探究，学生不能独立思考，只是验证研究，不能充分体会到探究的乐趣。③教学内容选择不恰当，缺乏探究意义。

④探究问题不恰当，学生难以收集和分析信息。⑤教师未能给予学生充足的自主探究的时间。⑥教师缺乏对课后探究的指导。

针对以上几方面容易出现的问题，教师应该根据教学内容和学生实际进行恰当引导，注重激发学生的主观能动性，提高学生的参与积极性；教师要以学生为中心，留给学生足够的自主探究时间；教师要注重探究内容的有效性、适度性以及趣味性；教师应提前提供教学方案，让学生进行预习，并搜集资料；教师要及时加入学生的探究活动，成为其中的一员，恰当进行引导。

3. 情境探究教学

（1）情境探究教学的概念

所谓情境探究教学，是指在教学过程中，教师根据教学内容，有目的地创造具有一定情绪色彩、生动形象的情境，让学生投入情境中，调动学生的情感体验，促进学生理解知识、发展心理技能的一种教学模式。

（2）情境探究教学的特点

①教师不仅要考虑如何让学生集中思维，培养学生的探究精神和能力，还要考虑如何调动学生的情感、兴趣、潜能、动机等。②教师要创造轻松愉快的情境，启迪学生思维，引导学生主动展开想象，探索答案。③教师要以学生为中心，调动学生的探究积极性。

（3）情境探究教学的过程

①教师可以通过实验创设一定的情境，引导学生将新知识与旧知识联系在一起，帮助学生构建知识系统。②教师通过对比新旧知识之间的关系和矛盾等，激发学生的学习兴趣，以形成良好的认知氛围。③教师可以根据生活实际创设情境，让学生感同身受，激发学生的探究兴趣。④教师还可以通过图画、表演、故事、实物等展现或创设情境。

（4）情境探究教学的注意事项

在情境探究教学中，容易发生以下几方面的问题。①容易产生“花盆效应”，即学生在教师创设的典型性情境中能够探究问题，但脱离这种情境后，可能出现回落现象。②过分强调情境，容易出现人工雕琢的痕迹。③情境探究教学对教师的要求较高，不仅需要教师具有较强的语言表达能力，还要求教师能歌善舞等。

针对以上在情境探究教学中容易出现的问题，教师应该深入探究教材，并掌握学生的身心发展特点，了解学生的所思所想，并根据学生实际，科学选择教学方法，恰当结合教材创设探究情境。

4. 问题探究教学

(1) 问题探究教学的概念

所谓问题探究教学，是以问题为纽带，让学生在提出问题、分析问题和解决问题的过程中，构建知识系统，提高探究能力。教师在探究过程中要注意引导学生思考的方向，引导学生发散思维。

(2) 问题探究教学的特点

①问题是教学的良好开端。②从问题出发，促进学生主动探究。③教师要精心设计问题，并引导学生提出问题，要注重问题的合理性。④以学生为中心，搭建民主平台，增强学生的主体意识。⑤从多角度发现问题、解决问题，增强学生的问题意识。⑥注重教学活动，给学生足够的探究空间。

(3) 问题探究教学的过程

①提出问题：教师把握教学内容中的知识点，并对其进行延伸，结合学生的知识水平和生活实际，恰当提出问题。②组织探究：在教师的组织和引导下，让学生围绕问题独立思考，获得感性认识，与教师和其他学生积极进行探讨。③做出解释：教师引导学生将感性认知条理化，把握知识的本质属性，构建知识体系，将新知识纳入旧知识中。④深化运用：学生运用新知识解决实际问题，在解决问题的过程中巩固知识、升华认识。

(4) 问题探究教学的注意事项

在问题探究教学中，容易发生问题设计缺乏整体性、层次性和开放性的问题。针对这些问题，可以提出以下解决措施。教师在面对复杂问题时，应化整为零，在把握整体目标的基础上，将总目标细化成若干小目标，形成问题链；教师在设计问题时，应该逐步深入、层层递进，让学生有层次地掌握知识和技能；要从多角度设计问题，教师应注意问题的启发性；教师应注意提出开放性问题，注意拓宽学生思考问题的思路；教师应以问题为主线，让学生主动探究知识。

二、多元智能英语教学模式

(一) 多元智能的内涵

每个人都至少拥有七种智能，即语言智能、逻辑智能、空间智能、人际智能、音乐智能、身体运动智能、内省智能，每个人的各种智能结合到一起形成个人独特的认知结构。在此基础上，美国著名教育心理学家加德纳（Gardner）又提出了自然观察智能和存在智能。

1. 语言智能

语言智能是指人用语言表达、用文字思考以及欣赏语言的能力。也就是加德纳所指的诗人所表现出来的对语言文字的运用能力。语言智能包括学习各种语言的能力、对口语和书面语的敏感程度、运用语言实现特定目的的能力等。语言智能较高的人包括诗人、律师等。

2. 逻辑智能

所谓逻辑智能，是指人利用分析、计算和量化假设以及命题等方法，开展复杂数学运算的能力。逻辑智能的运用过程主要包括判断、推理、概括、假设、验证、类聚、计算等。表现出较高逻辑智能的人包括科学家、数学家、逻辑学家、工程师、会计师、程序设计师等。

3. 空间智能

所谓空间智能，是指人运用在大脑中所形成的一个外部空间世界的模式的能力。空间智能包括对形状、结构、色彩、线条、空间关系的敏感程度，空间思维和空间定位能力等。空间智能能够让人在大脑中形成一个三维空间，并以这种方式进行思考。画家、建筑师等都体现出较高的空间智能。

4. 人际智能

人际智能是指一个人去理解其他人，并与人进行有效交往的能力，尤其是表现在感知、观察他人情绪、动机和意图方面的能力。人际智能在政治家、社会工作者、教师、销售人员、心理咨询师等人身上表现得比较突出。

5. 音乐智能

所谓音乐智能，是指人去感受、辨别和创造曲调、节奏，并运用音乐进行表达的能力。音乐智能比较突出的人对各种非语言的声音、节奏十分敏感。音乐智能在作曲家、歌唱家、演奏家、调音师等人身上表现得十分突出。

6. 身体运动智能

所谓身体运动智能，是指人运用和操作身体或身体的一部分来表达思想情感或进行创作的能力。身体运动智能主要包括速度、力度、灵敏性、协调性、平衡性、技巧性以及身体的触觉和感知能力等。舞蹈家、运动员、手工艺者、外科医生等都表现出较高的身体运动智能。

7. 内省智能

所谓内省智能，是指人探索内心世界、对自我进行正确的认知、对人生进行规划的能力。内省智能主要包括自我定位、自我描述和了解自身的动机、情绪、意图等。心理学家和哲学家身上都有突出的内省智能。

8．自然观察智能

所谓自然观察智能，是指人观察和辨别外界环境，包括自然环境和人造环境，并运用这些因素进行生产、生活的能力。自然观察能力较强的人对于自然变化极具敏感性，善于观察不同自然物种之间的差异。自然观察智能比较突出的人包括生物学家、生态学家、考古学家、猎人等。

9．存在智能

所谓存在智能，是指个人对人生和宇宙终极状态的思考能力。存在智能的核心是人类在生活环境中思考与存在有关的问题，在无限广阔的宇宙中自我定位的能力。例如，思考人类生存与死亡的价值、在人类出现以前地球是何种状态、为什么人来到地球上等问题。存在智能比较突出的人包括哲学家、思想家等。

（二）聚集多元智能的英语教学模式

1．渗透语言智能的英语教学模式

第一阶段：开展口语表达训练；开展书面表达训练；指导学生阅读英语新闻、诗歌、故事等；绕口令、猜谜等幽默教学。

第二阶段：指导学生用语言表述人物、事物，开展阅读和写作训练。

第三阶段：指导学生收集相关信息、观察信息以及分析信息，对人物事件进行口头表达和书面表达。

第四阶段：指导学生对口头表达和书面表达的过程和内容进行反思。

2．渗透逻辑智能的英语教学模式

第一阶段：指导学生根据语篇线索猜测不熟悉的语言现象，如注释性线索、近义词线索、反义词线索、语境线索等；理清句子的基本结构。

第二阶段：指导学生根据语篇中的线索推测故事情节的发展；指导学生根据语篇，按逻辑顺序表述主题内容。

第三阶段：指导学生根据语篇的逻辑顺序，深层理解语篇内容，推测作者的思想态度。

第四阶段：指导学生对语篇中的逻辑关系和文化内容进行思考。

3．渗透空间智能的英语教学模式

第一阶段：教师运用图表、投影、电视、多媒体、电影、图解等形象化工具辅助教学，帮助学生激活空间智能。

第二阶段：教师利用空间关系，创造图表空间，把教学内容视觉化。

第三阶段：教师通过结构图、流程图或矩阵图等展现教学内容的主题；使用网络图等呈现教学内容的要点；利用图表分析或解释句法关系、语义关系和篇章结构等非空间问题。

第四阶段：指导学生反思所学内容。

4. 渗透音乐智能的英语教学模式

第一阶段：听、唱与教材教学内容相关的声音、音乐或歌曲。

第二阶段：听相关背景音乐或主题音乐。

第三阶段：听歌曲，呈现歌词，把音乐与教学内容有机地结合；讲解歌词的词汇、语法和句法；分析歌词内容。

第四阶段：指导学生思考所听到的音乐。

5. 渗透身体运动智能的英语教学模式

第一阶段：指导学生练习；肢体语言。

第二阶段：指导学生运用肢体语言、动作进行哑谜游戏或表演哑剧等活动；通过控制自身的肢体、运用动作和表情来表达思想感情和解决问题。

第三阶段：指导学生通过扮演不同的角色练习口语，体会词句含义；通过角色扮演熟悉肢体语言。

第四阶段：指导学生通过身体运动学习英语。

6. 渗透人际智能的英语教学模式

第一阶段：创设一定的交际情境，让学生开展交际活动，学生为了一个目标而合作互助。

第二阶段：通过交际活动提供、聆听和获得反馈信息；在教学活动中开展有效的人际交流；在交际中感受他人的情感、意见等。

第三阶段：学生一起讨论问题，积极提出自己的想法，共同商定结论。

第四阶段：指导学生总结课堂交流的收获。

7. 渗透内省智能的英语教学模式

第一阶段：让学生掌握任务内容，学习某些策略的知识；引导学生对自身认知资源的认识。

第二阶段：引导学生主动了解自己，认知自己智能活动的过程，并养成调整、计划和监控的习惯。

第三阶段：开展英语写作训练，教师让学生提前撰写大纲，确定写作要点、方法和步骤，预估作文长度；学生完成写作后自行检查或与同伴之间互查，改正词句和语法错误；教师批改后，自觉调整思路。

第四阶段：指导学生了解认知活动的过程：活动初期，感知对任务的熟悉程度和任务的难易程度，激活相关元认知；活动中期，感知任务的进展，进行评估和反思；活动后期，分析是否完成任务。

8. 渗透自然观察智能的英语教学模式

第一阶段：教师通过生态与环保等题材的文章，引领学生走出教室，进入自然环境，让学生近距离观察自然环境。

第二阶段：指导学生观察自然环境和人文环境，把握人物、环境与时间的互动关系，分析事件的前因后果。

第三阶段：指导学生在亲身体验和放大观察对象的基础上，写观察日记。

第四阶段：指导学生对自然环境的体验进行反思。

三、参与式英语教学模式

（一）参与式教学的概念

所谓参与式教学，是指教师灵活运用各种教学方法和教学手段，激发学生的学习兴趣，让学生积极、自主地参与课堂教学，在自由、民主的氛围中，师生共同推动教学发展，完成教学任务的一种教学模式。与传统教学相比，参与式教学真正以学生为中心，创造以学生为主体的教学氛围。学生主动参与教学能够充分发挥主观能动性，活跃课堂气氛，满足学生的表演欲和发展欲。通过参与式教学，学生能够与教师共同设计教学，对教学内容提出建议，对教学进程进行适当的干预和调控，对教学结果进行评价等。

（二）参与式教学的特点

1. 全体性

参与式教学注重师生全体参与。每一位学生都是参与式教学的主体，都应该积极参与课堂教学，教师不能对优等生和差等生进行区别对待。每一位学生都具有平等的参与机会，能积极发表自己的想法。同时，教师的参与并不是授课教师的单独参与，而是需要与其他教师进行交流。

2. 全面性

参与的全面性是指课堂教学中需要所有学生参与进来，并且学生需要参与所有的教学环节，需要学生在思维、情感、动作上的全面参与。参与式教学中的全面性主要是为了强调学习的过程需要全体师生一起参与进来，无论是优等生，还是后进生，都要积极参与进来。

教师要为学生提供模仿思维的范例，选择思维的条件，创造思维的情境，促进学生思维的参与。学生思维参与是让学生主动参与教学活动的核心。教师还要给予学生各种感官投入的时间和空间，让学生进行实践，在亲身体验中发展自己。

3. 连续性

连续性原则是指根据学生的身心发展规律和参与行为组织学生参与教学活动，在这一过程中要注意循序渐进。学生的认知过程不是一次完成的，而是从片面到全面，从浅层到深层，并随着时间的推移，在发展中不断深化的。因此，教师要根据学生的实际情况去安排教学，既要考虑学生学习的内部因素，如个性品质、学习态度、学习方法、学习能力等，又要考虑学生学习的外部因素，如学习地点、学习时间和学习环境等。

4. 层次性

层次性原则是指从不同层次基础的学生出发，组织学生参与教学活动，让他们在原有的基础上，得到不同程度的发展。教师在设计教学活动时，应该注意对不同层次的学生设定不同的要求。教师应该采取层次教学、个别教学等方法，为不同层次的学生设置不同程度的教学内容，做到因材施教，促进每一个层次学生的发展。同时，在教学过程中，教师需要引导不同层次的学生把握恰当的参与机会，尤其是对学习有困难的同学，更要多加引导。另外，教师还应广泛、及时地了解课堂信息，有针对性地为学生提供参与机会。

5. 开放性

参与式教学具有开放性特点，主要是指教学方法、教学内容以及教学评价的开放性。教学要想真正取得效果，就必须有一定的教学方法，但是这种方法是不需要有固定的模式的。教师要做到“因人而异、因材施教”，即使面对同一个学生，不同的教师也可能采用不同的教学方法。学生也应该根据自己的学习习惯，选择恰当的学习方法。

在教学开始前，师生共同参与教学设计。在这一阶段，学生能够根据自己的实际情况选择恰当的学习方法。在教学过程中，师生应该密切配合，进行互动交流。当结束教学后，学生在课后学习中要完成教师布置的作业，学生可以在完成作业后学习一些自己感兴趣的知识。

在参与式教学中，教师虽然可以根据教材内容展开讲授，但不能局限于教材。学生在参与的过程中，将自己的学习经验和教师传授的相关知识结合在一起，成为新的知识资源。参与式教学符合现代教学方式，并且参与式教学课程中采用的是现代教学设备，大多数教师都可以利用多媒体进行教授，学生也可以通过多媒体进行学习，并及时进行反馈。在参与式教学中，学生、教师以及社会都是评价的主体，并且他们的评价是非常公平、客观的。

（三）参与式英语教学的方法

1. 提问法

（1）基本程序

第一，教师观察学生的学习状态，看学生是否对学习饱含浓烈的学习热情。

第二，教师对学生的学习情况进行定期检查，及时了解学生是否能够跟上学习进度。

第三，当学生遇到问题时，培养学生独立思考的能力。

第四，教师要注重提问的作用。提问在教学中不仅具有承上启下的作用，还能够帮助学生进行后续学习。

（2）注意事项

在教学过程中，恰当的提问会起到明显的作用，提高教学质量。但如果使用不当，就会使学生认为是盘问，不利于师生之间民主、平等地交流。为了避免发生这种情况，教师应该注意以下几点。①不能提出故意刁难的问题。②不能提出与学习内容无关的问题。③不能提出超出学生能力范围的问题。

为了保证提问的效果，教师应该提出高质量的问题，同时提高学生回答问题的质量。高质量的问题包括以下几种。①开放式问题：这种问题通常以特殊疑问词 wh—开头，如 what、when、where、why、who 等。②追问式问题：层层递进、循循善诱式的提问。③确认理解问题：教师确认学生提问；学生确认自己的回答；教师确认了解学生的回答。

除了高质量问题，也会有低质量、不恰当的问题，具体包括以下问题：封闭式问题，如只能用“yes”或“no”来回答的问题；带有明显暗示的引导式问题；难度过高的问题；难度过低的问题；多重式问题等。

2. 头脑风暴法

1938 年美国学者奥斯本（Osborn）首次提出了一种参与式教学模式——头脑风暴法，这种方法是一种创造能力的集体训练法。“头脑风暴”最早出现在精神病理学中，是指患者患有精神错乱。而头脑风暴法，是指参与成员思维高度活跃，能够激发创新观念，产生无限的自由联想的一种方法。

头脑风暴法的特点是能够让参与者自由快速地说出自己的想法。这种教学方法的参与面是非常广的，过程中人人都在积极发表自己的观点，有一个热闹的学习氛围，但是组织有效的“头脑风暴”是非常不容易的。在组织“头脑风暴”教学模式时需要注意以下基本环节和基本原则。

（1）基本环节

明确议题：教师可以将议题展示在黑板上，以让学生明确议题。

资料准备：收集一些相关学习资料供学习者参考，这也是为了提高头脑风暴的效率。

确定人选：8 到 10 个人是最佳人数范围，如果人数过少不利于激发学习者的发散思维，而人数过多的话学习者无法有效地掌握学习内容。

明确分工：确定一位主持人，主持人要把握进程，在讨论的过程中启发引导；还要确定一位记录员，记录学生提出的设想。

规定纪律：根据下述的基本原则制定纪律，主持人维持纪律。

掌握时间：在讨论问题时需要规定讨论时间，一般为几十分钟，需要主持人掌控时间。

（2）基本原则

自由畅谈：学习者可以从不同角度对讨论问题进行大胆想象，提出富有创意的想法。

延迟评判：在讨论现场，参与者不能否定他人的设想。所有的判断和评价都需要在讨论结束后进行。

禁止批评：参加头脑风暴讨论的人不可以对别人提出的设想进行批评，这是头脑风暴法必须遵循的一个重要原则。

追求数量：头脑风暴会议的首要任务就是追求数量。在讨论中，每个人都应该积极参与，提出尽可能多的设想。

3. 小组讨论法

（1）概念界定

小组讨论在参与式教学中能够起到很多作用。小组讨论法一般是组内讨论，以 4～6 人为一组，教师将全班学生分成若干小组，就一两个问题展开讨论。讨论时应该让小组成员的距离近一些，最好面对面讨论，小组成员的身体距离近，可以进行目光交流，能够提高讨论质量，还能够提升人际关系。

（2）具体步骤

第一，教师采用小组活动的形式，将全班学生分成 4～6 人的小组。教师可以根据教学活动目标，采取自愿组合、经验混合、能力混合、个性混合、性别混合等方式进行分组。

第二，确定分组后，应该对小组内的每一位成员进行角色分工，让每一位成员都承担一定的任务。例如，组织员负责组织讨论；计时员负责控制发言时间；记录员记录每位学生的观点以及小组讨论的结果；汇报员汇报小组讨论的结果等。小组成员应该明确活动目标，为了实现目标而积极讨论。

第三，教师是全班小组讨论活动的组织者。在开展讨论前，教师应该明确讨论的内容，向学生提出清晰的讨论要求。在进行讨论时，教师应该为各组提供一定的讨论资料，组织学生开展讨论活动，在班内巡视，掌握各小组的讨论情况，提供恰当的帮助。

第四，汇报讨论结果。各组的汇报员向全班汇报讨论结果，解释本组的结论。各小组轮流展示、交流经验。

第五，点评讨论结果。教师和学生点评各组的讨论结果。最后教师总结各组的讨论结果，并给予成员恰当的评价。

小组讨论法以学生为中心，以教学活动为主线，将知识和理念融入参与式教学中，注重学生的主动参与，提高学生的积极性。

四、内容型教学模式

（一）内容型教学模式的概念

内容型教学模式也称为依托式教学模式，是以相关学科的专业课程内容为依托组织语言教学的一种教学模式，它将语言系统的学习与学科专业的发展有机地融合在一起，语言系统的学习不再是语言教学的唯一目的。

以内容为依托的教学思想最早产生于沉浸式教学法中。沉浸式教学法认为，在真实的或模拟真实的语言情境中，学习者不需要接受专门的语法教学就可以具备一定程度的语法能力，学习者在频繁的交际互动活动中就能够自然而然地掌握目的语言基本的词序排列规则和语法变化规则。通过这种方式获得的语言知识和技能完全可以满足学习者理解、掌握相关学科专业教学内容的需要。这种教学思想对于语言教学的一个极为重要的启示就是对学习者来说，语言知识的学习和语言内容的掌握应当是同步进行的，二者应当协调发展、相互促进，而不能完全割裂开来。基于这种教学思想的内容型教学模式就是运用目的语言来教授教学内容，将语言系统和语言内容实现有机结合的一种教学模式。

内容型教学模式可按教学要求的需要分为弱式和强式两类。前者以语言知识和技能的学习作为教学的主要目的，学科专业内容仅作为教学的辅助素材；而后者以掌握学科专业内容作为教学的主要目的，语言知识和技能仅作为完成教学任务的手段。无论是哪种类型，教学法对于强化学习者的专业能力和语言能力都具有重要意义。

（二）内容型教学模式的特点

1．根据内容安排教学

语言课程设计者与教材的编写者在设计的过程中都会面临内容的选择与排序这两方面的问题，传统教材是根据难易程度编写的。例如，在课本中，一般现在时会比现在完成时出现得早，这是因为一般现在时更容易学习，自然会在教学过程中与教材的编写过程中处于优先考虑的地位。也就是说，简单易学的内容会放在前面。但内容型教学模式与传统教学模式不同，它是根据内容安排教学的。

2．整合听、说、读、写技能

传统的教学方法表现出分离但又具体的教学特点。内容型教学方法一直研究听、说、读、写四项基本技能，努力将语法与词汇教学融为一体。语言交流的真实性加上语言活动会涉及多种技能的协调，也就形成了这样的教学原则。

在内容型教学中是不主张先听后写的教学顺序的，内容型教学没有固定的技能教学顺序，也就是说这项原则是建立在第一项原则的基础之上的，内容决定并影响教学项目的选择与顺序排列。

3．根据学生需求选择内容

内容型教学模式的内容是根据学生的实际情况和教学环境等确定的。一般情况下，教学内容与具体的教学和教育环境中的教学科目平行进行。因此，英语教学内容可以参考其他学科的教学内容。

在其他教学环境中，教学内容是可以根据学生的专业需求与兴趣爱好进行选择的。从现实的应用上来看，很难确定哪些教学内容是学生感兴趣的。教师、教材的编写人员都不能百分百确定。可以确定的是，每个教学单元的教学时间比较长，教师有相对充足的时间可以将学生的需求和兴趣与教学内容结合在一起。内容型教学模式就是建立在学生对选择的内容感兴趣的基础上的。

（三）内容型教学的具体模式

1．主题模式

主题模式是指根据主题来组织教学。主题内容应该与学生学习相关或者与学生兴趣相关。主题教学是为了完成教学内容、优化教学方法、解决教学中的矛盾。主题教学模式强调学习语言表达的意义，同时也注重学习语言形式。学生通过主题的建构，学习实际生活中的知识，通过对词汇、句型和语法等知识的理解，将意义与形式进行有机结合。其主要有以下两点优势。

①实现教师的引导与学生自主学习的统一。教师应该创造良好的学习环境，指导学生学习。教师将主题教学模式作为核心，将深化的任务留给学生，从而真正提高学生学习的自主性。

②实现学生跨文化交际能力的全面发展。在主题教学模式中，学生可以掌握很多课本之外的知识。在完成围绕主题的交际任务时，学生能够提高跨文化交际能力、培养自身素质、促进个性发展。在自主性学习中，学生能够寻找自我价值、实现自我超越。在英语教学中，使用主题教学模式，学生可以根据主题的发展，构建反映主观和客观世界以及社会交际需求的知识系统。

2. 附加模式

所谓附加模式，是指语言教师与学科内容教师同步教授相同内容，但是他们的教学目标和教学重点不同。语言教师侧重于讲授语言知识，实现语言教学目标，而学科内容教师侧重于讲授学科内容。例如，一个英语教师和心理学教师都以心理学为内容开展教学，英语教师将心理学材料作为英语课程的教学内容，教学目的是提高学生英语语用能力，而心理学教师的目的是完成心理学学科内容的教学。在英语教师的课堂上，学生的主要任务就是完成对英语教学内容的理解与消化，对于有一定理解难度的内容，可以在教师的帮助下完成。

第三章　大学英语教学模式面临的问题与创新改革需要

本章为大学英语教学模式面临的问题与创新改革需要，分别介绍了三个方面的内容，依次是当下我国大学英语教学模式中存在的问题、大学英语教学模式创新改革的理论基础、大学英语教学模式创新改革的必要性。

第一节　当下我国大学英语教学模式中存在的问题

一、教学模式实施程序中出现的问题

教育是一种有目的地培养人的社会活动，是人类所特有的一种有意识的活动，带有强烈的目的性。在整体教育活动中，包括三种基本要素：教育者、受教育者、教育影响。教学模式是教育活动中的主要载体之一，教育者通过实行有效的教育模式，产生不同的教育影响。因此，在教育模式的具体实施程序中，离不开教育模式的具体内容，如教学目标、教学内容、教学方法、教学评价等。在探讨高校英语教学模式的过程中，在其具体应用阶段，发现了一些问题。本节旨在从教学模式实施中涉及的诸多方面寻找问题。

（一）教学目标存在的问题

在教学中，教师首先需要明确开展教学活动想要获得的成果是什么，即确定教学目标。整个教学模式实施过程中，教学目标是最主要的风向标，且始终围绕着它而展开教学活动。教学目标的导向作用在教学模式的实施程序中十分重要，它规范并引导教师和学生的教与学的活动。此外，教学目标的作用还表现在以下两个方面：①教学目标是选择教学方法的依据；②教学目标是进行教学评价的依据。因此，在教学模式的具体运用程序中，教学目标的地位不可撼动。但是，在当今我国高校英语教学模式内，英语教学目标的设置还存在着一些问题，这是高校英语教学模式发展的制约性问题之一。

1. 教学目标统一化

教学目标设置的目的之一是指明学生的学习方向。因此，在设置教学目标时，首先考虑的因素是学生。每一位学生都是独立的个体，有自己的特色。学生在各个方面均存在着差异性，在英语学习上亦是如此。

首先，每一位学生的英语学习能力不同。在英语的学习上，一部分同学的语言天赋突出、英语学习能力强；但不可否认，另一部分学生在英语学习上十分吃力，即使他们付出百倍的努力，依然难以达到天赋高的学生的水平。其次，每一位学生的英语基础不同。经过初高中的努力，每一位步入大学殿堂的学生都有一定的英语基础。但是，这种英语基础存在严重不平衡的现象。我国大部分地区高中阶段的英语课程标准是 2017 年版 2020 年修订的《普通高中英语课程标准》，在这一标准的指导下，高中生的英语基础显著提高。但是由于教学质量的差异，高校内学生的英语基础存在短时间内难以消弭的差距。再次，每一位学生的学习需求不同。我国高校的英语教学目标是培养学生对英语的通识性知识的掌握能力。但是，在大学阶段内，学生的选择更多，对英语学习的需求各不相同。有些学生需要考研，为以后升学打基础；有些学生需要考托福或雅思，为以后出国做准备等。针对高校学生不同的学习需求，高校英语课程的教学目标并未与之相匹配。最后，我国高等院校内专业分类逐渐细化，不同专业的学生对英语学习有不同的要求。因此，要以学生的学习能力、学习基础、学习需求、学习专业等为依据，依照学生的特色而设置相应的教学目标。

但是，目前我国高校内英语的教学目标是统一的、批量化的、僵硬的，并未充分考虑学生的个人特色。在教学目标的具体设置过程中，并未做到以学生为主体，忽视了学生的个体差异性。因此，当前的教学目标在高校英语教学模式中未能充分发挥学生的主观能动性，也并未充分发掘学生的优势及特色。除此之外，一致化的教学目标一方面束缚了高水平学生的学习；另一方面耽误了基础差的学生，使其英语水平的提高遥遥无期。总体而言，这种统一化的高校英语教学目标，在很大程度上制约着高校英语教学模式的发展。

2. 教学目标过于简单

目前我国大部分高校内的英语教学目标中在具体实践中，唯一清晰明确的是帮助学生通过全国性的英语等级考试——大学英语四、六级考试，并未做到提高学生的英语综合能力，也未做到对学生听说能力的培养。很多学生在通过大学英语四、六级考试后，就再未学习过英语。

这种过于简单的教学目标，致使学生在英语学习上对自身要求过低，也使教师在教学模式的设置上受限。因此，教学目标的简单化不仅制约着教师教的活动，也制约着学生学的活动。

（二）教学内容存在的问题

教材是学生学习一门课程的基础，是课程得以实施的重要组成部分，是顺利完成教学内容的必要条件。目前，我国高校英语教材的出版建设取得丰硕成果，教材种类丰富多样。我国高校英语课程使用率较高的教材有《大学英语（全新版）》《新视野大学英语》《大学体验英语》《21 世纪大学英语》《新时代交互英语》五种。其中，高校内前两种英语教材的使用最多。虽然如今我国高等院校内英语教材种类繁多，但是教材的满意率颇低。在高校英语教材的编写上存在众多问题，这些问题的存在成为高校英语教学模式中的问题之一。

1. 教材编写缺乏有效准则

准则是人们行为规范标准之一，促使人们的行为规范化，指引前进的道路。在高校英语教学的编写上，同样需要准则进行规范。高校英语教材编写的规范化，对英语教学活动产生重要的积极作用。不仅促进学生英语能力的提升，还对英语教师的教学活动起到推动作用。但是，当今我国高校内对英语教材的编写并未有统一规定，缺乏相应有效的准则。

高校英语教材的编写缺乏准则、缺乏规范，使得各种高校英语教材涌入市场，质量不一。质量低劣的英语教材被高校引入教学活动中后，并不能提高学生的英语能力，同时也限制了高校内英语教师的教学活动，使得高校内多种多样的英语教学模式在具体实施时困难重重。

2. 教材内容不合理

当今我国高校内的英语教材编写，缺乏行之有效的准则，致使各种各样的教材在内容上参差不齐，教材内容存有诸多问题。首先，在教材具体内容分配上，练习、生词的内容过多，忽视其他方面。其次，从教材整体上来看，教材内容主要服务于大学英语四、六级考试，与学生的实际长远需求相脱离，且难易程度设置不科学。最后，在教材内容的适应上，缺乏本土文化。这些问题的存在，暴露了当前我国高校英语教学模式中的问题。

（1）教材内容练习量、生词量过大

我国大学英语教材内容的编写虽然不断调整、更新，但是在具体内容的分配上，依然留有诸多的疑难问题。当前，我国高校英语教材多使用《大学英语（全新版）》和《新视野大学英语》两种。每种教材都分为两类：一类是读写教材；

另一类是听说教材。其中，上课内容皆以读写教材为主，听说教材一般视为辅助性教材。

曾有学者指出：如今的大学英语教材厚度逐渐增加，练习内容逐渐增多，配套教材亦逐渐增加。在《大学英语（全新版）》第四册课本中，每课内容均达 29 页之多。在增加的众多内容中，练习内容增加比重最大，且练习内容多需以书写方式完成。这种练习内容的增加，促使高校英语学习过分注重对文本材料的学习，使得高校英语教学模式忽视学生在课堂上对英语的语言练习，从而限制学生英语综合能力的提升。

此外，在各种版本的高校英语教材中，生词的数量过多，其中的生词及其解释均有数页。其中，个别教材的生词量在总体单词中占比多达 8%，更有甚者达到 10%。曾经有学者研究，教材中的生词量控制在 2% 是最合适的，一旦一篇文章的生词量超过 5%，此篇已不再适合学生阅读学习，应该弃之。英语课文阅读中的少量生词，可以帮助学生学习，但是，生词量过多会加大学生学习的难度以及压力，出现适得其反的现象，并且生词量过多时，需要教师讲解，而每节课的课时是固定不变的，这样就会在单词上耗费过多时间，促使已经设计好的教学模式在教学内容上出现偏离，难以实施。

（2）教材内容编写为大学英语四、六级考试服务

当前我国高校内的大多数教材，其内容在编写上，均以大学英语四、六级考试的需要为主，甚至在某些教材中直接提及此种编写方式。例如，在某版本大学英语教材的前言中，特地指出：在教材中的习题部分，有一定数量的大学英语四、六级考试题型。除了部分教材在练习上贴合大学英语四、六级考试，还有部分教材在词汇学习上以大学英语四、六级考试词汇为主。例如，某版本英语教材指出：教材中的前四册涵盖了全部的四级词汇，在第五、六册教材中涵盖了全部的六级词汇。

此类问题已经得到部分学者的关注，并意识到其危害性。我国有学者指出：当今几乎所有的大学英语教材在生词的处理上，均注重突出大学英语四、六级考试的词汇；在教材中所设计的练习，均同大学英语四、六级考试的题型类似、相同，并常常出现大学英语四、六级考试的模拟题，甚至是原题。

这种教材编写方式只与大学英语四、六级考试相契合，完全背离提高学生英语综合能力的初衷，使得教学内容饱受大学英语四、六级考试的限制，出现本末倒置的现象。目前大学英语四、六级考试已经无法真正地促进高校内大学生的英语学习，此种风气下，难以贯彻正确的英语学习理念。针对考试而学，是学不好

外语的。因学生大多为考试而学，促使部分教师为考试而教。长此以往，此种错误的学习观念，将会严重影响高校英语教学模式。

（3）教材内容难易程度不科学

真实的外语语境，能够帮助学生提高英语的综合运用能力。但是，在现实中，学生对真实外语语境的把握十分困难。可以说，真实的外语语境等同于语言材料的真实性，而语言材料的真实性和教材难易程度在英语教材的编写上，构成了一对难以调和的矛盾。

在教材编写的过程中，为了调整难易程度，使之适合学生水平，会对节选的原文材料往往进行再加工处理，一般处理方式有两种：一种是删除；另一种是修改。曾有学者指出，这种经过再加工处理的原文材料，因不同程度的删减、修改等，已经不再是真实的语言材料，失去了真实的英语语境。这种情况对学生的学习产生了极大的负面影响，同时也破坏了原文的写作风格、破坏了内容的完整性，甚至导致文章与原文旨意截然相反、出现中英文语境混淆的现象。

针对目前正在使用的大学英语教材进行调查，发现多种教材均存在此种问题，难以做到语言材料真实与难易程度适当的相结合。大部分教材对课文难易程度的理解是篇幅长短。借鉴邓昭春教授的研究成果可以证实此点，其对《大学英语》《新编大学英语》《21 世纪大学英语》三种教材进行详细透彻的研究，发现这三种教材在难易程度的编写上均有此类问题。其中细致地以《21 世纪大学英语》为例，并指出其问题所在：此版本的英语教材，单元之间难易程度波动比较大；除此之外，每册教材的难度递进程度不明显，四本教材的难度在整体上可谓是相当。

对英语原文材料的再加工，致使材料失去了原有英语语境的真实性，使得教师在教学模式的具体实施中受到限制，而由此误入课文的难易程度等同于其篇幅长短的误区。这种情况使得教材难易程度区分不大，致使教师在具体的教学模式实施中难以激发学生的挑战力，更不利于学生英语能力的提高。

（4）教材内容缺失本土文化

通过英语等外语的学习，学生不仅要掌握外国的文化、历史等情况，还要以英语为渠道输出本国的文化，把我国传统文化推向世界。但是，目前国内高校使用的英语教材在对我国本土文化的处理上，往往采取边缘化的措施，出现本土文化缺失的现象。

此种现象在多种版本的英语教材中均存在。通过对《大学体验英语（综合教程）》和《大学英语（全新版）综合教程》等的分析，教材中的英美文化取向尤其突出，而教材中所涉及的我国本土文化少之又少。

教材内容在中外文化上比重的不当，使得教师在具体的教学模式实施过程中也是以如此比例处理中外文化，最终出现顾此失彼的局面。这也是大部分高校英语专业学生在大学毕业后选择留学深造的原因之一，致使了大批优秀人才的流失。

（5）教材内容的需求过于狭窄

需求是产生动机的主要内因。综合以上四点内容，可知当今的大部分高校英语教材在需求上，过分重视学生的眼前需求，而未能做到从长远角度出发。教师在教学活动中起到了主导作用，在教材编写上，还应考虑教师的需求。且在当今社会，教育除了具备教育个人的作用，还有一定的政治经济作用。教育要为国家的政治经济发展服务，要符合国家需求、社会需求。

首先，针对学生的需求，仅仅考虑学生对通过大学英语四、六级考试的需求，并未能从学生的长远发展需求着手。高校的目的是培养一批优秀的人才，能够为国家建设做贡献，并不是简单的让其应付大学英语四、六级等考试。因此，从长远看，高校的英语教材对工作后的英语需求并不能满足，导致很多学生在走向工作岗位后，依然要报班学习英语，增加其负担。其次，从教师的角度分析，教材的编写，同样需要重视对教师的关注。在教学活动中，教师自始至终起到主导作用，其地位不可替代。只有优秀的教材，才能促使教师在教学模式的实施中充分发挥其作用。最后，从国家层面的需求分析，当今世界的竞争日益激烈，国际化的需求日益迫切，对优秀人才的需求日益紧迫。反观我国的高校英语教材，远远不能满足此种需求。

3. 教学目标不明确

高校英语教学活动在考虑教学目标时，应以教育部颁布的《大学英语课程教学要求》为依据。据《大学英语课程教学要求》的规定，大学英语的教学目标是培养学生的英语综合应用能力，特别是听说能力，使他们在今后学习、工作和社会交往中能用英语有效地进行交流。但是仔细思量，这一教学目标并不明确，比较含糊、空泛，难以具体把控。

首先，该要求中并未明确学生的英语综合应用能力具体指向哪些能力，只是强调了英语听说能力的重要性。其次，该要求并未明确学生的英语综合应用能力具体达到哪种程度。高校仅仅是依靠每年的期末考试和大学英语四、六级考试等对学生学习成果进行检测。一纸考卷并不能准确地说明学生的英语综合应用能力，尤其是听说能力。再次，该要求只是笼统地说今后的学习、工作、社会交往中对英语的应用，并未明确今后的学习、工作、社会交往是何种性质的，如何使用英语，进行什么样的交流活动。在今后的学习、工作、社会交往中，各种可能皆有。各种学习环境、学习方式、学习要求的不同，对英语的学习要求各不相同；工作类型多种多样，对英语的学习要求程度不一；社会交往中问题纷杂、领域广阔、对象复杂，这些也对英语学习方向的要求不尽相同。最后，该要求并未明确在今后的英语学习中，使用何种手段进行教学，使用何种手段提高学生的英语综合能力，尤其是听说能力。教学手段的不明确，在一方面给予任课教师很大的发挥空间，对英语教学模式的实施起到促进作用；但是另一方面，因未明确具体的教学手段，某些英语教师在教学模式的具体实施过程中，难以把握、无从下手，从而阻碍英语教学模式的发展。

高校英语教学目标的不明确化，使得高校学生对英语的学习仅限于一些皮毛知识，其英语能力仅仅能够应付一般的日常生活交际，停留在基础水平。在今后的工作中，其英语能力根本无法应对专业性的需求。因教学目标的不明确化，促使部分英语教师在教学模式实施中有空可钻，打擦边球，从而阻碍高校英语教学模式的发展。

4. 教材使用率低

在高校英语教材编写、内容上存在的诸多问题，最终将反馈到教材使用上。当今我国各高校，对英语教材的使用率、满意度均不高。

在大学教材的选择上，部分高校并未做统一规定，允许学生自由选择，部分英语能力强的学生根本不需要大学英语教材。因此，在统计学生购买数量时，这些学生未购买任何版本的教材。而部分自制力差的学生，因教材购买不再监督、强迫，此部分同学也选择不购买教材。

在购买教材的同学当中，真正使用的也不多。很多同学都在购买后，将其束之高阁。据统计，高校内英语学习中，对教材的学习比重最低时可降至 0。虽然不排除部分学生英语能力超强的特殊情况，但是教材毕竟是学生学习的主要依据，使用率为 0 的情况确实存在着诸多不合理之处。数据显示：学生对教材学习比重平均仅有 53.55%，而每周学习教材时间更是少之又少，平均只有 5.72 小时，最高也仅有 30 小时 [①]。

对教材的使用率过低，在一定程度上给予了教师发挥空间，可以充分发挥教师的主观能动性。但是，因教材缺失，课堂和整体英语教学缺乏规范性；且因对

① 郭燕，徐锦芬．我国大学英语教材使用情况调查研究 [J]. 外语学刊，2013 (6)：102—108.

教师的要求过多，增加了教师的负担，使得部分能力较差的教师难以承受，从而在英语教学模式中难以充分发挥其作用，使得教学模式的进行混乱不堪，难以取得良好的学习效果。

（三）教学方法存在的问题

在教学活动中，依据教学目标，需要完成教学任务、实现教学目的。为此，教师和学生会采取各自的活动方式。这种在教学活动中为获得知识，促进身心发展而采取的方法，就是教学方法。教学方法多种多样，“教无定法，贵在得法”。恰当的教学方法不仅能够促进学生的学习活动，而且能够促进教师的教学活动，实现双赢的局面；反之，则会对教师与学生均起到阻碍的作用。在教学方法的指导思想上，可把纷杂的教学方法总结归纳为两类：一类是注入式，或者称填鸭式；另一类是启发式。这两类指导思想截然相反，前者忽视学生的主观能动性，饱受诟病；后者调动学生的学习自主性，得到大力支持。在高校英语教学模式中，运用正确的教学方法，可使教学效果事半功倍。但是，纵观当今高校内英语教学模式中所运用的各式各样的教学方法，问题颇多。

1. 教学方法理论与实践相脱节

理论来源于实践，实践升华为理论。在正确的理论指导下，实践过程可以一帆风顺；反之则不然。高校英语教学模式的发展，关乎国家育人大计。因此，关于高校英语教学模式中教学方法的研究一直在进行。但是，在实际情况面前，却出现了方法理论和实践相脱节的现象。

在教学方法理论的研究中，大部分研究者并未有过高校英语的教学经验，其研究依据多是晦涩难懂、佶屈聱牙的外语教学理论。在此种研究方法下得出的教学方法可行性并不确定，具体实施到教学课堂上难以操作，问题诸多。虽然大多一线的高校英语教师有科研任务，可运用其丰富的教学经验进行教学方法的研究，但是其中大部分教师精力有限，在科研上能力不足，这从根本上阻碍了教学方法理论研究与实践相结合的发展道路。

对于上述情况，部分学者已经逐渐认识到其弊端，试图改正，尝试在其教学方法理论的研究过程中加入实际教学环节。但是，目前在具体实施过程中依然困难重重，大多是一带而过，走过场而已。例如，对写作技能教学方法研究，其教学方法理论研究主要集中于现代信息技术应用、语篇等方面，这一理论经过实践，学生的英语写作能力在一定程度上确实有所改善、提高。但是，仔细研究学生的作文，可发现其写作必备的能力，如词汇、语法等运用能力或语言的表达能力等，均未有显著提高。因此，此种教学理论若在英语教学模式中运用，则形同鸡肋、毫无助益。

2. 以教师教授为主

我国传统的教学方法是以教师的教为核心的，学生在学习上处于被动的地位。这种教学方法，在现代社会有所改善，大部分教学方法皆开始提倡充分发挥学生的主动性，使学生由被动变为主动。但是，虽有改善，此种以教师传授知识的教学方法依然根深蒂固，难以根除。

在中学阶段，因考试的压力，在实际教学活动中，教学方法一直是以教师的讲授为主，教师在课堂上讲解学习中的重难点，学生根据教师的讲解，被动地接受知识。这是自小形成的学习习惯，部分大学生在进入大学后，依然难以更改。一旦脱离教师的讲解，学生就无所适从，变得茫然无助。因此，在大学英语教学模式的教学方法上，部分高校依然是以教师的讲解为主。

学生在学习中被动地接受知识，不仅使得课堂氛围沉闷，还难以激发教师的教学热情。这对于教师与学生的长远发展，均是不利之举。

3. 教学方法程序化

在高校英语教学方法的改革过程中，教师的作用不可忽视。改变以教师讲授为主的教学方法，发挥学生的主动性，需要一线高校英语教师在课堂上不断改革。在备课上，教师需要花费更多的精力，不断创新，如考虑如何充分利用多种多样的教学设备、如何激发学生的主动性。这些问题，常年来一直困扰着一线高校英语教师。

在高校英语教师的实际教学过程中，对于多元化的教学方法的运用，教师往往避而不谈、避之不及。多元化的教学方法，首先在时间、精力上耗费比较大；其次，对其实施效果，因未曾尝试或者实施教师的不同等因素，并未有十足的把握。

此外，每一位教师都有其固定的教学风格。这种教学风格的形成，在很大程度上决定了一位教师在教学方法运用上的固定。而教学风格在教师执教伊始，就已形成，而且难以更改。因此，在教师的教学活动中，教学方法的运用都有其固定的程序，且经年不改。多方面的因素影响使得高校英语教学模式中教学方法出现程序化的问题。

4. 教学方法形式化

当今社会生活节奏不断加快，人们生活压力不断加大。在高校内，虽然生活节奏相对缓慢、悠闲，但是面对繁华的物质世界，学生对待生活、学习似乎也很随意。

此种现象出现在高校英语课堂上，就表现为学生为考试而学习，而非为知识而学习。此种学习氛围深深地影响教师的工作积极性，在教学活动中有时表出随意性，导致教学方法成为一纸空文，形式化严重。

5. 教学方法杂乱无章

从整体上研究高校内英语教学模式中的教学方法，发现其毫无章法。首先，在教学方法理论构建上，因种种因素的掣肘，理论并未与实践相结合。因此，教学方法在理论上并没有一个行之有效的理论指导。其次，在教学方法的具体实施过程中，从教学活动的两个主要角色——教师和学生来看，两者对多元化的教学方法均存在抵触，制约着教学方法改革与实施。

整体上，高校英语教学方法的杂乱无章，致使教师在教学模式的实施过程中无从下手，阻碍着教学活动，影响学生的学习效果，使得诸多行之有效的英语教学模式，未能发挥其作用，最终被放弃。

综上所述，高校内英语教学方法虽然在逐渐改善，由注入式向启发式转变，教师在教学活动中的绝对主导地位逐渐弱化，学生在教学活动中的主体地位逐渐突出。但是，传统的教学方法根深蒂固，对其改革是一项任重道远的任务，需要教师、学生以及社会等各方面的共同作用。除此之外，在新的高校英语教学方法实施过程中，也会出现的新的疑难问题。这些新问题的出现，也会成为高校英语教学方法改革道路上的绊脚石，最终制约高校英语教学模式的发展。

（四）教学评价存在的问题

教学评价是教学活动中不可或缺的一个环节，在整个教学活动中占据着至关重要的地位。在进行教学评价时，其依据主要是教学目标，并设有一定的标准和手段。在此前提下，评价主体对教学活动及其所产生的结果、影响给予判断。因此，教学评价是对教学活动及其结果进行测量、分析和评定的过程。在整个教学评价过程中，其评价对象涉及整个教学活动中所包含的因素，如教师、学生、教学目标、内容、方法、教学设备、场地和时间等因素以及这些因素的有机组合。教学评价在分类上，由于划分标准不同，所以类型多种多样。但是，任何一种教学评价的正确实施，通过诊断出教学活动的不当之处，不仅能够提高学生的学习水平，而且能够提升教师的教学能力。但是目前我国高校内英语教学模式在教学评价方面存在着诸多问题。

1. 教学评价标准简单

教育学对教学评价的对象界定众多，其中一项是教学目标。当今，我国高等院校内的英语教学目标大部分是通过大学英语四、六级考试，这种教学目标在如今我国英语教学中过于简单。而教学目标又决定了教学评价的简单化。

不可否认，大学英语四、六级考试的实施，在过去的一段历史时期内，切切实实地在一定程度上对大学生英语能力的提高起到了积极作用。但是，世界局势瞬息万变，我国改革开放不断深入，社会对英语能力的需求发生改变。当今对英语学习的要求，不仅要有较强的阅读能力，还需要较强的交际能力，尤其需要极强的口语表达能力，在解读外国文化的基础上，积极努力地输出我国本土文化。以大学英语四、六级考试的通过与否和分数是否高作为教学评价的标准，已经不再适应当今英语教学发展。

目前，我国在不断致力于大学英语四、六级考试的改革，不断增加难度，增加口语测试等。但是，单纯的以大学英语四、六级考试为英语教学评价标准，仍然存在诸多弊端。大学英语四、六级考试中的题型单一，多是笔试题，听力部分分值较少，对于口语能力的测试更是形同虚设。大部分高校在校生通过大学英语四、六级考试，且获得参加大学英语四、六级口语测试的许可后，并未参加口语测试。此外，还有大批学生仅是以低分通过了该项考试，根本未达到参加口语测试的水平。因此，众多获得大学英语四、六级英语证书的学生，都是“口不能言”，表达能力十分差。

2．教学评价手段简单

在教学活动中，教学评价的手段多种多样。各种不同教学评价手段的交叉运用，对教学活动的顺利开展助益良多。通过对我国高校内英语教学评价手段的研究，发现存在评价手段过于简单化、单一化的问题。

目前，在我国高等学府内，英语是每一位学生的必修基础性课程，尤其是大学一、二年级，一直安排有英语课程。但是，教师在英语教学模式中对教学评价各种手段的运用十分缺乏新意。按照教学评价的作用来看，在诊断性教学评价中多以摸底考试为主，如大学新生入学前的英语摸底考试，在大部分高等院校都有实行；在形成性教学评价中，多是课堂提问为主；在总结性教学评价中，多是期末考试，且期末考试题型向大学英语四、六级考试题型靠拢。按照教学评价的标准看，相对性教学评价、个体内差异教学评价应用过少，多是绝对性教学评价，如期末考试，大学英语四、六级考试。按照教学评价主体看，教学评价多是外部评价，且单一的以教师的评价为主，而自我评价、自我反省很少。

3．教学评价实施不当

教学评价标准、手段的简单化，决定了教学评价实施的不当。教学评价标准、手段的简单化，使得在实施过程中，难以评价出教学活动的真实效果，在这样的情况下对学生的英语能力的评价，其可信度也有待商榷。因过分简单的教学评价标准，使得对教学活动的效果要求降低，从而对教学活动给予较高的评价；对于英语能力较差的学生，也会给予超出其本身的过高评价。因评价过高，期望也会随之增加，从而在以后教学活动中难以把握难度，对学生本人亦如是。这致使在以后的教学评价过程中频频出错。

此外，在当今高校英语教学模式中，教学评价环节的主导权一直掌握在教师手中。教师作为个人，有其鲜明的个人特色。教师在实施教学评价过程中，因评价素养的不足，常常出现评价不当的现象。这种不当的教学评价，不仅对教学活动不能起到积极的促进作用，反而会对其起到消极的阻碍作用。

4. 教学评价应用不足

教学评价手段的简单化与教学评价实施的不当，又会在教学活动中，引发教学评价应用的减少。首先，教学手段的简单化、单一化，使得教师在进行教学评价中对其他教学手段的应用不足；因未能够充分运用多种多样的教学评价手段，在实际的教学评价过程中，只能减少教学评价的应用。其次，在教学评价实施上的不当，也会相应地减少教学评价在教学活动中的应用。不当的教学评价，反而不利于英语教学模式的展开。因此，为了减少教学评价的失误，许多教师纷纷避开教学评价环节。

此外，在英语教学模式的具体实施过程中，因教学课时以及教师精力等方面的限制，部分教师也会选择忽视教学评价环节。教学评价环节的缺失绝不是一件有利于教学活动的事情。教学评价能够及时反馈教学活动的效果，及时发现教学活动中各种失误等，对教师与学生的下一步教学活动展开极具借鉴意义。

5. 教学评价以学生为主要对象

教学评价的对象多种多样，任何参与到教学活动中的人、事、物，皆是教学评价的对象。但是，当前我国高校英语教学模式中的教学评价环节多是以学生为评价对象，而忽视对教学活动中教师的评价。

自古以来，我国就非常重视师道尊严。在我国众多的传统美德中，“尊敬师长”一直被认为是美德之一。这种传统观念深深影响了现代教学评价，使得教学评价皆是针对学生的学，而很少提及教师的教。

随着改革开放的不断深入、思想的不断解放，传统思想中的糟粕被逐渐剔除，上述现象逐渐得以改善。但是，在现代社会下，大学教学一般实行走班模式，教师与学生的接触较少，使得学生对教师教学的评价难以及时反馈。虽然高校时常发布调查问卷，组织调查教师的具体教学情况，但是，此种调查问卷大多流于形式，并未发挥切实的作用。

6. 教学评价统一化

具体分析教师对学生的教学评价，会发现一个明显的问题：教学评价统一化，未能因人而异。在教师的美好期望下，学生英语能力应该是同等的。因此，在教学评价过程，教师对学生的评价是统一化的，并非针对个人进行评价。但是，也并非完全没有个人评价，如在进行诊断性评价以及形成性评价时，往往是针对学生个人进行的评价，只是此种评价在整体教学评价中的所占比重甚少。

此外，大学英语作为当代大学生的必修科目，师资力量缺乏，在教学组织形式上实行大班授课制。每班人数的过多以及教师同时教授多个班级，耗费了教师大量的精力，在对授课的每位同学进行评估时，精力缺失。因此，在高校英语教学模式下，教学评价环节很难做到尽善尽美、因人而异，从而出现教学评价统一化的问题。

综上所述，在高校英语教学模式的教学评价环节上，从教学评价标准到具体实施，均存在诸多问题。这些问题的存在，同样制约着高校英语教学模式的发展。

二、教学模式宏观系统中存在的问题

党的十一届三中全会召开后，在解放思想、实事求是这一方针的指导下，我国各方面焕然一新，不仅经济建设取得辉煌成就，还在文化教育方面成绩斐然。尤其是为了加快进入世界舞台的步伐，在英语教育方面成绩突出。英语成为我国学生的必修课，从上学伊始，贯穿整个学习生涯。特别是申奥的成功，更加掀起了我国人民学习英语的热潮。整体而言，我国的英语教育已经普及，并且基础性英语教育成绩突出。但是，随着改革开放不断地深入，当今的英语教学急需由基础性的教学转型到专门用途英语的教学。因此，在高校英语教学模式上，从宏观体系的支持上来看，各种问题浮出水面、层出不穷。本书旨在从教师、学生、课程设置、教学资源四个层面分析出现的各种问题。

（一）教师层面存在的问题

在高校英语的教学活动中，教师一直处于主导地位，负责激发学生兴趣、传授学生知识、评价学习结果等基本教学活动。在当下，高校英语教学活动中，英语教师的能力、素质等参差不齐。从教师层面看，受外部因素及教师自身内部因素的影响，在英语教学模式的宏观支持系统中存在着诸多问题。

1. 教师自身知识素养不足

（1）教师学历层次不高

在我国高校中，非英语专业的学生，对英语学习的要求并不高，主要是扩充词汇量等。因此，对高校非英语专业的授课任务，因工作难度较小，英语专业的本科生完全可以胜任。而研究生学历的英语专业毕业生，在就业方向上，多选择出国深造或者其他更好的途径。目前我国高校英语教师在学历上，以本科为主，比例在一半以上；而研究生学历的教师仅占不足一半，其中博士毕业从事高校英语教学工作的，更是少之又少。

但是，在高校内英语专业的教师在学历上均高于非英语专业的教师。在对英语的学习要求上，英语专业的学生会略高于非英语专业。因此，在教师的学历方面，英语专业的教师学历大部分都是研究生，很多甚至是博士、博士后，并拥有丰富的留学经历。

总体而言，高校英语教师的学历层次不高。此种现象不仅严重制约着高校英语教学模式的改革及实施，同时也严重制约着高校英语转向专门用途的教学，成为高校英语教学发展的阻碍。

（2）教师口语能力欠佳

当前我国英语教育，存在的主要问题之一就是学生口语能力差。许多学生的英语能力仅仅是能够看一些较为简单浅显的文章，在翻译能力上英译汉尚可，但是汉译英的能力非常差。此外，学生对英语口语的应用更是惨不忍睹，仅限于简单的日常用语，更别细究其中单词的发音，甚至部分学生从不开口讲英语。在我国，出现一个特殊的词汇形容此类学生对英语的学习——“哑巴英语”。“哑巴英语”的出现绝不是偶然现象，这与学校英语教育有着千丝万缕的联系。在初高中，英语学习多为应试学习，“哑巴英语”的出现也许无可厚非。但是，高校注重培养学生各方面的能力，依然出现“哑巴英语”的现象，这就应该引起重视。

当前，高校英语教师从业者多为本科学历，大多数并未有过留学经历，在英语发音的学习上，同样是来自教师的教授，对发音的准确与否，并未有明确的认知。而且，因为缺乏留学经历，未曾深入置身于英语环境中，对英语口语的应用并不多，所以口语能力欠佳。此外，在讲课中，为照顾学生的接收能力，很少进行全英教学，以汉语教学为主、英语教学为辅。因此，培养的学生也存在发音不准、口语能力不足的现象。

（3）教师英语综合知识欠缺

语言的学习，是一种综合能力的学习，包括听、说、读、写等方面。英语作为当今世界普遍使用的语言之一，其学习过程亦不例外。

高校英语课程以精读课为主，口语课、听力课、翻译课等课程的课时量远逊于精读课。在我国高校内，即使是重点高校，此种现象也都被视为正常。因此，高校英语教师能力也是以阅览、精读为主，而在其他方面的能力稍微欠缺，尤其是翻译方面的能力。清末启蒙思想家、著名翻译家严复曾提出英语翻译要做到三点要求：信、达、雅。目前，许多高校英语教师在翻译能力上仅仅达到第一层要求“信”，即翻译出句子、文章的大致意思，不背离原意；少部分教师能够做到第二层要求“达”，即译文句子通顺，不拘泥于原文；做到第三层要求“雅”的英语教师寥寥无几。

综上所述，高校英语教师在本专业的学科基础知识上存在多种不同问题。教师知识素养的欠缺，严重影响教学活动的展开。此问题的存在，如同狼群在作战时失去头狼，长此以往，狼群在战斗中必将溃不成军，惨败而归。因此，教师知识素养的不足成为制约高校英语教育发展的重要因素。

2. 教师教学能力素养欠缺

教学是一项专门为培养人的学习能力而进行的复杂活动，教师在教学活动中始终处于主导地位。教学活动的复杂性决定教师必须具备多种多样的能力。一个合格的教师，不仅需要具备丰富的学科基础知识，还需要具备较强的教学能力等。优秀的教学能力包括敏捷的思辨能力、较强的创新能力、较强的组织能力以及研究能力、极强的评价能力等。优秀的教学能力直接影响教学活动的展开及其效果，可以促进教学活动的顺利完成，而上述能力的缺失会直接阻碍教学活动的展开，影响教学活动的效果。当今，我国高校内的英语教师受诸多外在及内部因素的影响，上述能力存在不足，并非全部具备优秀的教学能力，这影响着高校英语教学模式的发展。

（1）思辨能力缺失

思辨能力在教学活动中发挥着至关重要的作用。教学及学习在本质上是一种思考活动，教师的所思所想直接影响学生的学习。思辨就是带着批判与改进的精神进行分析、评价、思考的过程，这一过程以思考能力为核心和前提。无论教与学，都需要思考，只有思考，才能得到提升。思考的结果，通过语言等形式表达，语言是人们沟通的桥梁。因此，教学活动的展开离不开语言的表达。语言表达是一切教育工作者必备的主要能力，是教师思辨能力的呈现形式之一。

当前，我国高校英语教学改革正在如火如荼地进行。但是，改革依然受到传统观念、因素的影响，这对当今高校英语教学模式的创新起到阻碍作用。其中，把英语视为传统的大文科类的思想依然根深蒂固。作为文科的英语，在教学活动中教师和学生只需掌握读、写、听等能力，不需要深入思考。这一误区，导致在教学活动中，教师思辨能力的不足，而思辨能力恰恰是英语教学中重要的能力之一。事实上，英语的学习，并非简单的语言学习，而是通过学习语言，掌握相关国家的历史文化、思想观念。

当前，高校英语教师在思辨能力上缺失严重，在教学活动中照本宣科。当今世界瞬息万变，信息更新快捷简单。如若一味地接受传统观念，不具备思辨能力，终将落后于时代。在英语教学中，思辨能力的缺失，终将致使英语教学模式的支持系统瘫痪。

（2）创新能力不足

“创新是一个民族的灵魂，是一个国家兴旺发达的不竭动力”[①]。如今是一个知识大爆炸的时代，创新不仅是国家的灵魂，还是个人发展、事业展开的灵魂。创新是知识时代对人才的基本要求。当今教育，以创新教育为主。创新教育重视人的自主性，强调人的社会性，尊重人的个性。在教学活动中，教师创新能力的正确运用，能促使教学活动取得事半功倍的效果。在高校英语教学的活动中，创新能力不可或缺。教师的创新活动，表现为教师在见解上独到、在教法上新颖、在意识上民主、在精神上不断探索，最终，以其创新性的思维凸显出个人特色。

当今高校中，创新意识已成为高校一线英语教师的必谈话题，每位任课教师均已认识到创新的重要性。部分思维活跃、创新能力强的教师，已经把各种新的教学方式应用到课堂教学中，并取得良好效果。但是，在我国，大部分高校英语教师仍未具备相对不错的创新能力，只是照搬已有的经验。高校英语教师创新能力不足的直接表现是学生的上课积极性差、逃课人数递增、课堂效果不佳等。这些现象严重的影响高校学生英语的学习效果，阻碍英语教学模式的实施，致使高校人才能力不足，影响个人及学校、甚至国家的长远发展。

高校英语教师的创新能力不足，不仅阻碍学生的发展，还不利于教师的发展。一个没有创新能力的教师，其科研能力必定欠缺。对高校英语教师而言，教学任务与科研任务相辅相成、相互促进。科研能力的不足会阻碍其教学任务的完成，不利于教学活动的开展。总体而言，从多方面对高校英语教师的创新能力进行分析，其重要性不言而喻，其不足将严重阻碍高校英语教学模式的改革。

① 朱永林，朱紫巍．创业与择业[M]．哈尔滨：东北林业大学出版社，2016．

（3）评价能力缺失

教学活动各环节环环相扣，缺一不可，教学评价是其中一项重要活动。及时、正确给予教学评价，能激发学生的学习兴趣，促进学生及时改正错误与不足。而教师在教学评价中担任着实施者、组织者的角色，其地位不可撼动。因此，教师的评价能力对教学效果影响至关重要。即使是在高校，大学生已经成年，逐渐走向成熟，但仍需要别人的肯定及批评。正确积极的评价，不仅可以增加大学生的自豪感、刺激其学习主动性，还能促使其正视自身缺点、及时反思改正。

美国学者斯蒂金斯（Stiggins）曾提出“评价素养”一词，并把此素养认为是教师在日常教学活动中养成的素养。国外教育学家曾指出，教师的评价素养包括八个方面：评价的基本概念、评价的使用、评价的规划与开发、评价的解释、评价结果的描述、评价的评估与改进、反馈和评分、评价伦理。结合英语教学的实际要求，高校英语教师的评价素养指其在英语的教学过程中，结合英语学科知识和特点，利用相关的评价技巧，正确评价学生学习，并利用评价反馈，提升教学的能力。因此，高校英语教师的评价素养可概括为四项内容：英语评价理论和伦理能力、英语评价设计和实施能力、英语评价结果描述和分析能力以及英语评价反馈和反思能力。

可以说，教师的评价需贯穿整个教学活动，并非只存在于某一环节。但是，高校英语教师的评价素养很难体现，评价能力的高低难以判断。在当前我国高校内，英语教师的课时量最重，往往都是连堂课。接连上课的课时任务，耗去了教师的大部分精力，疲于应对评价任务。在师生交流方面，因时间、精力等缺失，十分匮乏。因此，导致教学评价这一环节缺失。教学评价环节的长久缺失，使得教师的评价素养难以体现，评价能力得不到锻炼。从而在教学活动中，学生很难得到正确积极的评价。而相应地，教学评价所能起到的激励学生和促使学生正视并及时改正错误等作用，均未能得到充分地发挥。最终，高校英语教师评价能力的不足，成为当今高校英语教学模式改革的阻碍因素之一，是大学英语教学模式改革道路上一大隐患。

（二）学生层面存在的问题

学生是教学活动中学习的主体。目前，我国高校内各种英语模式的开展均离不开学生的配合，皆强调学生主观能动性的发挥，希望充分调动学生的积极性。但是，在各种英语教学模式的宏观支持系统中，学生由于种种问题，均未能充分发挥其在英语教学模式中应有的作用，这制约着高校英语教学模式的顺利开展。

1. 学生基础薄弱

英语在我国学生的学习生涯中占据重要地位。每一位进入高等院校的学生，在英语的学习时间上均不会低于六年。但是长时间的英语学习，并不意味着学生具备了较好的英语基础。高考生在语文、数学、英语三门主科的得分状况上，英语的得分始终不高，而且超低分人数众多。

此外，即使学生高考英语得分高，也不意味着该学生的英语基础好。大学英语的学习，不仅要求学生具备较强的阅读能力，还要求每一位学生具备较强听说能力，能在实际生活中正确地、灵活地运用英语，使英语真正成为生活中的第二门语言。在我国初高中的英语教学中，为了应付中考、高考等考试，往往忽视对学生英语听说能力的培养。虽然在初中阶段，英语听力是中考必考项目。但是，初中生对英语的学习仅限于日常生活交流，十分简单。而初中生升入高中后，部分地区对于高考志愿是非英语专业的学生，听力是不计入总分的。因此，很多学生以及教师在升入高中后均放弃了英语听力，毕竟英语听力相较于阅读、写作等部分，难度较大、得分较难。此外，我国每年的研究生招生考试中，英语虽然仍是必考科目，但是非英语专业的英语考试是完全没有听力内容的。

总体而言，在我国高校内，从整体上看，学生的英语基础仍较薄弱。因此，在高校的英语教育模式中，学生接收能力的不足限制了英语教师在教学模式中的教学活动。

2. 缺乏学习兴趣

在当前我国高校内，大部分学生缺少学习英语的兴趣。这部分学生不仅包括非英语专业的学生，还有部分英语专业的学生。

非英语专业的学生学习英语不过是为了期末考试不挂科、顺利毕业，或者是能够通过大学英语四、六级考试，然而事实上并非每一位大学生在毕业后都通过了大学英语四、六级考试，仍然有部分学生未通过。对于英语专业的学生，长期枯燥无味的学习，消磨了部分同学的学习耐心，使其对英语学习出现疲惫感、厌恶感。因此，部分学生在长期的学习中，失去了学习英语的兴趣。虽然，对于英语专业的学生来说，学习兴趣不足的学生没有非英语专业的学生人数多，但是长期的厌恶情绪，会影响其他学生的学习，致使英语教学模式的宏观支持系统中的主体——学生，出现塌陷。

3. 实际应用能力差

受我国语言大环境的影响，在大学生的日常生活中，使用英语进行日常交流的现象可谓是罕见。在我国，大学生日常交流均以母语为主，很少使用英语。虽然在众多高等院校内，每年都招收了很多外国留学生，其中不乏以英语为母语的留学生。但是在大学生的生活中，我国大学生同外国留学生之间的关系十分疏远，与外国留学生之间的交流很少。而且，很多外国留学生十分渴望学习汉语，其更希望与之交谈时使用汉语，以提升其汉语能力。

即使在学校开设的口语课程上，也有大部分学生依然使用汉语交流。因为在期末考试中，大部分学校的非英语专业均未设有口语考试。而在口语课程上，因学生人数众多，教师根本无暇顾及每一位学生是否真正地在练习口语。总体而言我国大学生的英语应用能力较差。

（三）课程设置层面存在的问题

在学校教育中，课程是核心，涉及在教学过程中教师“教什么”和学生“学什么”的问题，是学校教育的基础。课程设置是教学过程的具体实施性文件，主要规定了课程类型、课时安排，以及各类学科的课程学习目的、学习内容、学习要求等。其包括了合理的课程结构和课程内容等。因此，在教学过程中，课程设置要在宏观上把握教学进程，保证教学工作的正常进行。因课程设置的重要性，历来受到重视。高校在英语教育课程设置方面力求完善，精益求精。

中华人民共和国成立 70 多年来，我国高校英语教育也走过了漫长岁月，历经沧桑。在高校英语教学过程中，国家在课程设置上因时而异、及时调整。如今，国家秉持解放思想、实事求是的精神，对高校英语教育进行大刀阔斧的改革，不断适应当今发展需要，培养了一大批优秀的人才，取得了巨大的成就。但不可否认，由于诸多因素的干扰，在课程设置方面并未做到尽善尽美，当今高校英语教育在课程设置方面还存在诸多问题。这些问题的存在制约着高校英语模式的进一步发展。具体如下。

1．缩减课程学分

《大学英语课程教学要求》对大学英语课程学分的规定为大学英语课程应是整体学分制体系的一部分。北京大学、清华大学等“985”类高等院校的学生，在入学时，大部分同学的英语水平高于普通院校学生，可以免去基础性英语教学。但是，众多普通院校的学生并未达到这一水平，因此在普通高校内缩减英语课程学分是不恰当的。此项举措并不能对高校英语教学模式起到促进作用，反而会阻碍其发展。

2．课程设置僵化

我国高校大部分学生均不是特别喜欢当前的英语课程设置，其未充分考虑学生的需求。学生对英语的学习仅是为了获得相应的学分，是一种被动地接受学习。这种现象与英语课程设置僵化有很大关联。高校英语课程的僵化表现在两大方面：一方面是实行模块化教学；另一方面是实行分类教学。模块化教学主要针对英语专业学生，分类教学主要针对非英语专业学生。

（1）模块化课程

目前，我国高校英语专业模块化课程设置分类不一，存在三模块说、四模块说、五模块说。三模块说为专业必修课、专业选修课及相关知识选修课或者是语言技巧课、专业知识课及文化、文学素质课。四模块说为专业技术、专业知识、相关知识和实践课程。五模块说众说纷纭，各个高校根据其实际情况，纷纷在三模块的基础上另加两个模块。我国学者认为五模块应为语言基础知识及基本技能、语言理论课程、专业方向课程、知识应用技能、素质教育。

根据知识结构进行模块化的课程体系划分，在一定程度上能够使学生对自己进行检测，对自身知识水平有一个明确的认知，在今后的学习中做到扬长避短，从而培养出优秀的复合型人才。但是目前我国高校内，模块化的课程设置均存在诸多问题，如知识内容结构划分不合理，选修课的设置零散、杂乱无章、未形成体系化等。

这种模块化的课程设置在很大程度上表现出僵化迹象。因其把学习分门别类，局限在几个模块中。如此一来，在模块的分配上常常出现比例不当的难题，如重视理论课程、忽视实践课程。此外，模块化的课程设置导致专业课程过多，但因师资不足，学校难以承担，故只得减少选修课程的设置。而选修课程能最大限度地发挥学生的学习主观能动性，并能为其提供较多的发展方向。如此局面下，只能使得学生发展道路狭窄，在就业上形成压力，并且难以满足市场人才需要，造成人才浪费的现象。

（2）分类课程

目前，我国高校非英语专业的英语课程一般分为精读课、听力课等，其中以精读课为主、以听力课为辅。精读课的教学以初高中教学方式为主，如阅读教材、分析语法等。此种教学内容，即使任课教师不断创新、改变教学方法，也很难激发学生的学习兴趣。

忽视听力课，是高校英语教学的常态，同时也是值得教育部门深思的问题，且在初高中时期已经形成，这是一个长期问题。这一现象的产生主要是由于教育的缺乏以及资金、教学设施投入不足等问题。此外，由于初高中时期未能接受良好的英语听力教学，所以学生英语听力基础差。学生在步入大学后，在听力方面的接受能力不足，使得教师在听力教学时举步维艰。长期的恶性循环，使得高校逐渐淡化对英语听力的教学，导致在英语课程设置方面的僵化。这种僵化的英语课程设置痼疾难消，成为高校英语教学过程中的一大难题。

此外，高校对非英语专业的在校学生，很少设置专门的口语课，使学生缺乏英语口语的锻炼。这些问题导致了高校学生在英语学习方面的不足，不仅听力能力差，还对其英语综合能力的运用起到阻碍作用，形成“汉语化”的英语，难以摆脱母语对英语的影响。

综上所述，无论是针对英语专业而设置的模块化教学，还是针对非英语专业而设置的分类教学，都已形成僵化趋势，成为英语教学模式宏观支持系统中的一大难题。这一难题的存在，在很大程度上影响了英语教学的良好进行。因为僵化的课程设置，不仅限制了英语教师的创造性发挥，还削弱了学生的学习兴趣、打击学生的学习积极性。

（四）教学资源层面存在的问题

俗话说“巧妇难为无米之炊”，教学资源就是高校英语教学模式中的“米”。没有教学资源，或者教学资源质量差，均会对英语教学模式的顺利展开起到制约作用。虽然经过改革开放，我国在教学资源上大力整改，但是，目前我国高校英语教学模式在教学资源上仍然存在诸多问题。

1．资源分布不均

目前，我国高校在英语教学资源分布上，仍然存在不均匀的现象。首先，在师资力量上分布不均。外籍教师（简称外教）是英语教学的重要部分，尤其是在高校口语教学的课程上，有着不可替代的作用。外教在英语的运用上有着丰富的实践经验，对于英语语境的把握优于大部分中国英语教师。但是，目前在我国各类高校内，明显存在着外教数量不等以及质量不等的问题。在数量以及质量上，我国著名的高等院校的外教均优于普通类的高等院校。此外，对于中国国籍的英语教师，在质量上，“985”“211”类大学的教师质量也优于普通高等院校。其次，在资金、技术等支持上分布不均。目前，世界竞争日益激烈，国家对高精尖人才需求量骤增。在高校教育所需的资金、技术上，国家的投入力度明显倾斜于著名、优秀的国家高等院校。最后，在语言环境上条件不一，位于一线城市的高校学生的语言环境要优于经济水平较差地区的高等院校学生的语言环境。

2．资源利用率低

在我国高校内，大部分非英语专业的精读和视听说两类课程在课时比重上区别明显。大部分学校的英语课程中，精读课程课时比重较大，而相应的视听说课程课时量较少。视听说课程的开设不仅需要大量的相关设备，还需要具备相关能力的教师。目前我国高校建设上，设备逐渐完善，但是优秀的视听说教师师资储备不足，致使视听说设备的虚置。此外，在大部分高校内，对于视听说课程的安排，均设有自主学习课时。但是，学生在自主学习时，多是心不在焉、滥竽充数。学习只是为了固定的课时任务、不影响期末考核。在这种情况下，大部分学生并未使视听说设备得以充分利用。

第二节　大学英语教学模式创新改革的理论基础

一、任务型英语教学模式创新的理论基础

（一）任务型教学的提出

维果茨基在《思维与语言》一书中首先提出了任务型学习这一概念。在语言学习过程中，语言学习所具有的社会性、学习者同教师和同学之间的互动性等因素能够对语言学习起到促进作用。任务型学习较好地体现了语言学习过程中的这一特点，学习者能够在基于较为真实的社会交往的教学情境中完成互动交流的特定教学目标，可以显著促进自身语言运用能力的提高。语言学习的过程就是通过学习者与他人的互动交流逐步形成学习者内在认知的一个过程。

英语应用语言学家威多森（Widdowson）注重对学习过程的研究，他提出了过程导向大纲的概念。过程导向大纲尤其注重培养学习者的学习能力，而不仅是为了实现一个特定的学习目标。其认为应当让学习者置身于特定的教学情境中去完成特定的任务，把完成任务而不是常规性的技能操练作为教学活动所要达成的教学目标，让学习者在完成任务的过程中去解决一系列的具体问题，在完成任务的过程中学会目的语言的恰当运用，从而不断提高交际能力。教学活动中设定的任务应当基于真实的社会文化生活情境，应当与学习者的日常生活内容密切相关。

英国语言学家努南（Nunan）的《交际课堂的任务设计》一书被认为是任务型教学形成完善的思想体系的标志，其详细阐述了任务型教学的基本观点，提出了任务型教学大纲。

此外，坎德林（Candlin）等诸多学者也从不同视角对任务型教学进行了广

泛而深入的探讨。到 20 世纪 90 年代，任务型教学从理论研究到实践探索都取得了迅速发展，任务型教学理论也成为影响日益广泛的主流语言教学理论。

（二）任务型教学模式的概念

任务型教学中的“任务”是整个教学过程中课程的有机组成部分，它绝对不是可以任意组合的，也不是可以孤立进行的教学活动，任务的形式是通过课堂教学使学生完成真实的或模拟的工作、学习、生活等各种事情，以此来学习语言，教师在这个过程中主要负责设置情境、协助学生，而学生则是学习的主体。任务各方面的相互作用指向课程的总体目标。任务型教学不仅能够让学生学习英语语言知识，还能够促进学生使用英语，因此任务本身具有教育价值。

任务型教学模式不排斥语言形式的学习，任务型教学模式与传统教学模式的区别在于：传统教学模式根据对语言结构系统的分析考虑语言项目，而任务型教学模式从完成任务的角度来考虑选择什么样的语言项目。也就是说，在任务型教学模式中，应该先确定任务，再根据任务选择语言项目。形式训练的目的在于培养学生完成交际任务的能力。因此，语言项目训练不会只停留在练习阶段，而是通过运用这些语言形式来完成任务，提高学生的语言能力。

（三）任务型教学模式的主要观点

学者迈克尔·朗（Michael Long）首次对任务的概念进行了界定。语言教学主要是通过目标任务的设定和完成来培养和发展学习者的语言交际能力的，任务的设定主要来源于具体的、真实的、与学习者密切相关的社会生活，而不是课堂教学中安排的枯燥活动。这就提醒教师在课堂教学活动中，设计教学目标任务时应当尽可能模拟学习者真实的日常生活状态和目的语言国家的社会文化特点，虽然这会占用一定的课堂时间，但是是十分必要的。

努南把迈克尔·朗所界定的任务称为目标性任务，是学习者学习外语所要完成的长期目标，注重培养学习者离开学校走向社会所必备的自主学习能力。在此基础上，努南提出了教育性任务这一概念。教育性任务只局限于课堂教学活动，这类任务设定的主要目的是培养学习者的语言能力，为在社会生活环境中自如地运用语言奠定基础。

努南还归纳了任务型教学的五个原则：一是真实性原则，任务的设计要与学习者的实际生活联系起来，要给学习者提供真实的语言信息；二是形式／功能原则，学习者不仅要学习语言表达的形式，还要通过完成一系列教学任务强化自己的认知结构，培养自身逻辑推理和演绎的能力，从而能够更加全面、深入地理解和掌握语言的功能，并恰当地运用在真实的交际活动中；三是任务依赖原则，设定的教学任务应当由易到难、由浅入深、循序渐进、互为前提，每一项任务的完成都意味着学习者语言能力的进一步提高；四是做中学原则，强调知识的获得不是单纯依靠教师的讲解和灌输，而是需要学习者在具体的交际任务中去体会与内化；五是脚手架原则，学习者在完成教学任务的过程中主要依赖于学习者的自主性学习，教师要对学习者完成任务的情况给予足够关注，并在学习者需要时及时提供指导和帮助，以确保学习者能够顺利完成教学任务。英国语言学家威利斯（Willis）在《任务型学习原理》一书中全面分析了任务型学习的原则框架、主要特点、任务分类和具体操作等内容，并对著名应用语言学家拜恩（Bain）提出的教学模式做了进一步改进，提出了新的教学模式。

拜恩将其教学模式分为前任务、任务环以及后任务三个阶段。前任务阶段主要是教师向学习者引入任务，即向学习者介绍讨论话题和布置教学任务；任务环阶段主要是学习者通过运用已学的语言知识完成教学任务；后任务阶段主要是教师讲解语言知识点，让学习者反思自己的任务完成情况，并在教师指导下进行语言操练。

研究第二语言学习者心理特征的教授斯凯恩（Skehan）在《语言学习认知法》一书中阐述了影响任务设定的五个主要因素：一是任务是以意义表达为导向的，学习者在完成任务时应注重运用语言规则去表达一定的意义，而不仅是关注语言的形式；二是学习者不能只是重复他人的话语形式，要内化为自己的认知结构；三是选择的任务内容应当尽可能反映真实的社会文化生活；四是完成设定任务应当贯穿于学习的全过程，是提高学习者语言能力的重要因素；五是要根据任务的结果，评价任务的完成情况和完成质量。

第二语言教学之父埃利斯（Ellis）提出了语法结构学习中的三种类型任务：一是产出导向的任务，需要使用目的语言来完成交际任务，学习者必须借助必要的语法结构才能完成这些任务；二是输入理解的任务，一般情况下输入材料都会含有经过精心设计的语法结构，学习者在完成任务的过程中要注意准确理解和认真体会；三是增强语法意识的任务，前面两种任务类型都是以暗示的方法介绍语法结构，而增强语法意识的任务则完全采用明示的方式，要求学习者在完成设定的任务时要有意识地使用目的语言的语法结构，语法结构本身就是预先设定的任务内容。

综上，任务型教学可以理解为在教学活动中教师围绕特定的交际需要，设计出具体的、可操作的任务，创设真实的社会文化情境，要求学习者采用目的语言表达，通过各种语言活动形式来提供多样化、多渠道的交际机会。在完成任务的过程中注重语言的意义表达，从而培养学习者的语言表达能力、沟通能力和合作意识；调动学习者的积极性、主动性和创造性，使学习者形成运用目的语言进行思考的习惯，从而自然地习得语言。

（四）任务型教学模式的理论基础

1. 交际能力理论

任务型教学的提出是以交际教学的兴起为基础的。20 世纪 50 年代，乔姆斯基对行为主义语言学理论进行了系统批判，提出了语言能力的概念，认为语言能力是一套语法规则系统、一种知识体系，是与运用知识的能力相对应的概念。

20 世纪 70 年代，美国社会语言学家海姆斯（Hyams）针对乔姆斯基语言能力概念的局限提出了交际能力的概念。在海姆斯看来，语言是一种社会文化现象，交际能力可以理解为个体在一定的社会文化环境中对语言知识和语言能力的综合运用，运用语法知识只是交际能力的一部分。

海姆斯提出的交际能力包括语法形式的可能性、话语的可行性、话语的恰当性、实际操作性四个方面。其中语法形式的可能性与乔姆斯基提出的语言能力的概念是相对应的，而话语的可行性和话语的恰当性是指语言使用者在真实的社会文化环境中实际使用语言的能力，在乔姆斯基语言学理论中属于语言行为范畴的概念。按照海姆斯的这种划分，一个语言学习者不但要识别句子是否合乎语法规则，能按照语法规则的要求生成新的句子，还要能够在恰当的场合、恰当的时间、以恰当的方式使用语言。

海姆斯的交际能力理论在外语教学领域引起了极大的反响，主要有三个方面的启发：一是语言教学的目的不应该只局限在传授语言知识和语法规则，还要重视学习者语言交际能力的培养；二是语言学习具有社会文化行为特征，外语教学过程需要同目的语言的社会文化情境相结合，需要同语言使用的具体环境相结合；三是外语教学内容的安排既要强调教学过程的交际性，又要重视教学内容的真实性。

在海姆斯交际能力理论的基础上，二语习得研究学者卡纳尔（Kanal）和斯温纳（Swain）进一步指出，语法规则与语言运用规则是互为存在的条件和依据，是不可能脱离对方而独立发挥作用的[①]，因此他们提出的交际能力重点描述了语法规则和语言运用规则之间的关系与相互作用。

---

① 张艳玲．英语教学的理论、模式和方法[M]．青岛：中国海洋大学出版社，2018.

交际能力包含四个方面的能力。一是语法能力，是指学习者理解和运用语言知识的能力，语言知识包括了基本词汇、语法结构、构词形式、句法结构、发音规则等方面的知识，语法能力是理解和表达语言基本含义必备的能力。二是社会语言能力，是在特定的社会文化情境和语言应用环境中准确地理解语言输入材料、恰当地进行语言表达的能力。三是语篇能力，是学习者根据写作的题材要求，按照一定的范式和体例，把语言素材和语言形式有机结合起来形成体裁篇章的能力。四是策略能力，是学习者为了能够顺利完成交际任务或提高交际能力而使用各种有效的技能和方法的能力。

2. 言语行为理论

牛津大学语言哲学家奥斯汀（Austin）在《如何以言行事》一书中提出了言语行为理论。该理论认为基于传统语法结构的单词、语句、短语等语言表达形式并不能与其承载的语言功能形成一一对应的关系。语法结构完全相同的语句在表达的意义上可能引发不同的理解，具有截然不同的语言功能，而语法结构完全不同的语句却可能表示相同的意义，具有完全一致的语言功能。换句话说，一个语句可以表达多种意义，而一种意义也可以用不同的语句来表达。

言语行为理论对于语言教学的启示是应当重视语言功能的学习，其认为语言学习的主要目的是把目的语作为交际的工具，强调在语言运用过程中完成语言知识的自主学习和语言能力的逐步提高。而任务型教学基于某种交际需要通过具体任务的设定来培养学习者语言运用能力的思想，这与言语行为理论的主要观点极为契合。

3. 认知方法理论

斯凯恩在《语言学习认知法》一书中系统阐述了关于二语习得研究的认知法，认为学习者在学习语言时建构了两种知识系统：一是语言知识系统，包括词汇、词组、短语、语块等固定搭配的表达形式，这些语言知识易于学习者快速记忆和习得，更注重语言的形式，适用于需要学习者进行流畅的语言表达的场合；二是语言规则系统，需要学习者对语言表达形式抽象概括、对语言输入输出深入分析、对交际策略理解掌握，是以意义交流为核心的，需要学习者具备更强的认知能力，适用于需要进行精确语言表达的情境。

斯凯恩的认知法把学习者语言产出的情况作为重点研究内容，认为语言产出的特点可以归纳为三个方面：一是学习者能否运用所学的第二语言自如地进行交际，即语言的流利性；二是学习者在交际过程中能否恰当地进行表达，即语言的准确性；三是学习者对复杂的中介语结构能否熟练掌握和运用，即语言的复杂性。

完成不同的任务会形成不同特点的语言产出，对语言的流利性、精确性和复杂性有不同的要求，语言表达的流利性主要与学习者对语言知识系统的掌握相关，而语言的精确性、复杂性则更多地与学习者对语言规则系统的理解相关。

在实际交际中，由于学习者语言能力有限，语言表达的流利性、精确性和复杂性往往是不相容的，准确性、复杂性的高标准往往意味着语言输出流利性的丧失，而追求语言输出的流利性往往意味着对语言输出精确性、复杂性的放弃。在教学中教师可以设计一些具有不同特点的任务，每一项任务都侧重于培养学习者语言产出的一个方面的能力，这些任务按一定计划与步骤科学地组合起来，从而促进学习者语言表达的流利性、精确性和复杂性的协调发展。

二、多模态英语教学模式创新的理论基础

（一）教育学、心理学理论基础

1. 大学英语教学研究的学科定位

经过无数次的实践之后，外语教学告诉我们，仅仅有语言这一个要素是不能组成语言教育的，它是多层面立体结构，是由众多要素一起构成的。除了语言要素，与语言教育直接相关的要素还有教育学、心理学以及社会学等，语言教育所涉及的内容也是语言学很难涵盖和取代的，如教材、教师、学生、教学目标以及组织管理等。

如果是按照教育学—各学科的教学—外语教学这样一个路线的话，那么就不仅是将外语教育归到应用语言学的范畴，还应该把它看成教育学的一部分。划分完成之后，就应该将教育实践作为外语教学的出发点，并且还应该将语言在教学过程中所起到的作用作为教学的重点。可以说，教育语言学具有很多重要的特征，这也使得这门学科具有很强的独立性。不管是从理论上来说，还是从实践上来说，在研究高校英语教育教学时，如果能够做到从教育语言学的理论视角出发，那么也就意味着研究具有合理性。

2. 认知负荷理论

除了建构主义理论，认知负荷理论是另外一个对教学起到指导作用的心理学理论，在教学中有着举足轻重的地位。该理论假设人们头脑中的知识结构是由短时记忆和长时记忆组成的。短时记忆又叫工作记忆，学习是在长时记忆中以图式的形式建立知识，教学则是为了能在学生的长时记忆里储存信息，工作记忆储存信息的时间短、容量小，而长时记忆储存信息的时间长、容量大，进行图式建构

可以使工作记忆的负荷得到有效减轻。如果在工作记忆区对一些新信息进行处理，就能建构图式，建构完成后，就可以投入应用，直到获得反复的成功之后，才能真正实现图式自动化。

记忆在学习中能够起到的作用是认知负荷理论的一大关注点。该理论认为，若想实现有效的学习，非常重要的一点就是能够对认知资源进行较为合理的分配。由于工作记忆一个非常显著的特点就是存储容量非常有限，再加上认知资源的总量是恒定不变的，所以认知负荷理论就得出了以下结论：如果能够在设计教学的过程中最大限度地将一些不必要的认知负荷从制订的学习任务中移除，那么必然会使学习者的学习效率得到很大程度的提升。

此外，在研究认知负荷理论的基础上，研究者还提出了促进教学中央执行官能使用的结构化教学效应，并根据学者的不同认知做了具体划分，适合初学者的包括样例效应、分散注意力效应、形式效应，有一定专业知识的学习者适合专业知识反效应、冗余效应、想象效应。这些研究对进行外语教学设计有非常重要的指导和帮助作用。

3. 学习理论

学科和学科之间往往都是相互影响、相互渗透的，如教育学和心理学所形成的交叉学科就是教育心理学，这种现象也是现代科学发展的特点之一。学习理论主要就是对教育心理学的核心内容进行研究，可以说，该理论对大学英语的教学和研究所起到的指导作用是非常大的。

自开始研究学习运行机制以来，学习理论共涵盖了很多理论流派的发展和演变，如行为主义、认知主义、建构主义、社会建构主义和联通主义等，如表3-2-1所示。其中，一些学者也将联通主义称为关联主义。

表 3-2-1　学习理论主要流派核心观点对照

理论流派	学习运行机制	学习者	教师	技术的作用
行为主义	强化反应	被动接受奖惩者	奖惩分发者	收集和提供学习反馈
认知主义	信息获取	被动接收信息者	信息分发者	提供获取信息的途径
建构主义	知识建构	积极的意会者和知识构建者	认知向导	学习过程中指导学习者的认知处理
社会建构主义	文化参与或社会协商	既是个体认知者也是学习共同体成员	协商促进者	社交网络软件支持学习者个体交互和社团实践
联通主义	优化学习者内外网络	知识网络和节点的重构者	知识网络重构促进者	网络成为知识联结和创造的载体

4. 课程与教学论

（1）CBI 理论

CBI 的全称为 Content-Based Instruction，即以内容为核心开展教学的沉浸式教学模式。该理论的教学原则主要体现在：①其核心是学科知识；②其所使用的都是真实的原材料；③对于不同的学生群体，其都能够很好地满足和适应他们不同的需求。

该理论的教学模式主要有主题模式、课程模式、辅助模式、沉浸模式四种。教师在选择使用哪一种或者哪几种教学模式之前，应该充分结合自身所处的教学环境以及所涉及的教学层次、教学对象，同时还应考虑到所要达到的教学目的等。

经过大量的研究和实践，我们可以总结出 CBI 教学观具有以下几点较为显著的特征。

①真实的教学材料。学习者只有在一定内容的基础上经过不断学习和练习才能实现对语言的掌握，而要想为学习者在学习语言的过程中创造出更加有意义的语境，就必须确保语言教学材料的真实性和系统性，只有这样才能促进有效学习。

②内容与语言相融合。对于那些主修专业不是英语的学生来说，如果能在他们专业学科内容的基础上对他们增加语言学习，那么必然会对其语言输入、语言吸收和语言输出有非常大的帮助和促进作用，从而使这三者之间形成一个良性循环。

③突出体验式小组学习和研究型学习。以输出为驱动的 CBI 教学模式更加关注两点：一是学生进行语言学习时的积极性；二是教师所提供学习资料的真实性。该模式并不要求学生能够多么出色地去完成任务，它的目标就是希望教师能够在输出任务的驱动下，积极主动地去找寻一些比较新的信息和材料，有了这些信息和材料，再加上教师的指导和协助，就能使得学生顺利完成任务，同时还能够展示出自己的学习成果。可以说，在传统的大学英语课堂当中，学生是很难会有这样的研究型学习体验的。

④内容学习、语言训练和应用及思维培养全面融合。除了能够让语言和内容的双重学习目标都得以实现，CBI 教学模式还能通过让学生进行体验式和研究型的学习，使他们能够主动对学到的知识进行运用，这有助于对他们的协作意识和批判意识的培养。

⑤教师身份的根本转变。在传统的大学英语课堂当中，教师扮演的大多是“授

人以鱼”的角色，他们只是单纯地向学生传授相关知识，并对学生进行语言训练。但是在 CBI 教学模式下，教师更多的是扮演“授人以渔”的角色，也就是除了以上知识传授者和语言训练者的角色，教师还需要积极地参与到课程的设计当中。除此以外，他们还要在进行课程活动时起到有效的协助作用。

这一角色的转化在更具专业性的课程教学中体现尤为明显。在这些课程当中能明显感觉到，内容方面更加突出了学生的学习主体地位，甚至表现为学生在某些方面比任课教师知道得还要多和深，对于一些学科内容上的问题，教师可能还需要向学生请教。之所以会出现这样的情况，是因为在这样的教学模式中，教师的主要职责是在教学情境中来协助学生有效地开展基于内容的语言学习、完成学习任务，而这些教学任务和教学活动，是早已设计好了的。

（2）多元识读教学法

经济全球化使得文化呈现出了多元化的趋势，同时也加深了交流的多模态化。此外，逐渐增强的语言和文化的地域多样性和全球关联性，以及新媒体时代交流表达形式的多模态化，也直接导致了多元识读教学法的产生。主要体现在以下两方面。

一方面，在全球化的背景下，各国的文化都相互融合和交流，似乎世界开始变得越来越小，文化和语言都逐渐呈现出了多样性和多元化的趋势，这也就直接导致了多元识读的产生。在这一背景下，英语在不同的文化和社会背景中都得到了非常广泛的应用，同时它也逐渐成为一种全球性的语言。

另一方面，在新媒体条件下，多模态化的趋势已然在表达方式中逐渐呈现出来，这也直接导致了多元识读的产生。新媒体得到迅速发展，在很大程度上改变了人们的交流方式。主要体现在人们的交流方式已经不只是局限于文本，人们逐渐倾向于通过将书面语和口头语相结合的方式进行交流，也就是有效结合视觉、听觉、手势、触觉和空间等模态的交流，从而使得人们之间的交流具备了多模态的属性。需要特别注意的是，这种交流方式的改变，要求学习者必须具有足够的能力去理解和掌握那些越来越重要的媒体表现形式。

（二）哲学基础

1. 主体间性哲学观与间性理论

（1）媒体间性

媒体间性是指不同媒体间的相互作用、相互联系的关系，关注的是媒体之间互相作用而产生的传播效应。现如今多媒体走进课堂，正确的使用多媒体教学，使教学多元化立体化，可以促进学生的互动、活跃课堂气氛。

不仅每一个媒体有其独特的个性，同时各个媒体之间还存在着一定的共性。新媒体的主要作用就表现在对师生主体之间、生生主体之间的主体间性进行着强化，与此同时，强有力地促进主体间性的发展的，则是新媒体的多向性和互动性。

（2）语言间性

在语言的指称功能、意动功能以及交感功能之间会有一定的不协调和错位表现出来，这被称为语言间性。通俗地讲，就是主体在使用两种不同语言的时候，有一定的空间障碍发生在他们进行沟通的时候，这个空间障碍是客观存在的，并不会因为主体的主观意识而不存在。

由于两种不同语言之间会存在内在的差异性，理解度的波动性就会出现在双方再进行沟通的时候，此时这种波动性的产生就是语言系统的二元性特征的充分体现，也是客观存在的，换句话说就是语言系统同时存在着开放性和封闭性。语言系统的这种特征直接决定着语义的二元性，语义的弹性特征导致了语用双方的沟通只是一种可能。

纵观中西方语言文化交流的历史，如果从宏观上来看的话，我们可以发现，语言的同化和异化为语言的主体间性理论提供了证据和补充，同时，对于语言多样性的维护和发展来说，其还具有非常大的参考价值。由此可见，国家需要在宏观语言政策方面对其给予足够的重视。

（3）文化间性

所谓的文化间性，其实就是跨文化性。只要在文化领域里有着间性思维模式的应用，文化间性这一问题就会出现，换一个角度来看，在文化领域出现的这种现象，折射出的是西方哲学中的主体间性问题。文化共生、互动和意义生成这些特征就会呈现在不同文化主体与生成文本的对话关系中，因此，要提高主体的跨文化素养，还应在大学英语的教学过程中去引导学生进行一定强度的跨文化学习。

（4）文本间性

一个特定文本与其他文本之间的关系，被称为文本间性，也叫互文性。所谓其他文本，指的就是被改造过的文本，而这种改造是在对该特定文本引用、改写、吸收、扩展的基础上或是直接在总体上进行的，可以说，包含具有各种可识别形式的其他文本是所有文本的都有的特性。“语篇间性”从本质上可以很好地被用来替代“互文性”，它不仅包括多个已确定文本之间的关系，即“跨文本性”，也包括某一文本对其他文本的扩散影响，即“文本关涉性”。

2. 间性理论指导下的多模态课堂教学原则

(1) 基于主体间性的交互性教学原则

在主体间性的语言观和外语教学观的引导下，可以最大限度地恢复外语教学原来所固有的特征。新的哲学范式和方法论原则能够直接影响外语教学的目的、外语教学的过程以及外语教学过程中教师和学生之间的关系，并且，这种影响是积极的、深远的，而这些范式和原则是主体间性所提供的。

外语教学活动中的客体是该教学活动所要完成的任务，我们称之为教学内容。外语教学的教学内容主要是由相关课程、所用到的教材以及其他教学资源共同构成，具体的实践结构模式为“教师—教育内容—学生”。从本质上来看的话，主体间性理论就是主体交互性。

目前，我国的很多高校在进行外语教学时，都严格遵循着这样一个教学原则，那就是将学生视为教学的主体，而教师则主要是起到主导的作用，这也充分体现了主体间性理念。交互性原则除了是一个教学组织原则，也是一个学习行为原则，也就是说，该原则不仅可以直观地将一名教师的教学理念和教学方法反映出来，还能够直观地将每名学生的学习理念以及所采用的较为有效的学习策略反映出来。

(2) 基于媒体间性的多模态教学原则

要想不断地去创新课堂教学媒体、课堂教学模式以及课堂教学模态，就必须对媒体间性进行深入的探讨。随着新媒体时代的到来以及不同媒体之间的相互融合，人们开始注重对媒体间性的研究。

传统的教学系统都是相对比较鼓励和封闭的，但是自从有了新媒体技术的介入，教学系统逐渐变成了一个开放和动态的系统。教学系统在受到教学媒体要素的强烈作用之后，它其中的各大要素就都会被融入一定的技术因素，这也是为什么教学系统会变得越来越复杂和多变，也正因如此，才为大学英语教育教学改革发展提供了更加广阔的空间。

此外，由于教学系统各要素之间的交互关系过于复杂，所以就更应该特别关注教师和学生之间、学生和学生之间交流的有效性，以及他们对相关技术运用的灵活程度等，具体体现在以下两方面。一方面，体现在教师与学生进行的直接对话，也就是通过语言进行的交流上。另一方面，也体现在间接对话上，如体态或者眼神之间的交流。直接对话充满着随性，是教师和学生之间的即兴对话，但这种对话往往也是最真实的，这种真实的交流对学生更深层次地理解教学内容有非常大的促进作用，同时也能帮助学生培养独立构建语义网络的能力和提高协作共进的素养。

自从大学英语教学中普及了计算机网络技术之后，以网络为基础的教师和学生之间的交流、学生和学生之间的交流以及学生利用网络进行的自主学习都在很大程度上扩展了英语教学的边界，从而使学生在学习成长的过程中更能突出自己的个性，使他们的团队意识和合作精神得到进一步培养。

（3）基于文化间性的跨文化教学原则

在跨文化哲学当中，文化间性属于一个相对比较重要的范畴，具有多元文化共存、交流互识、意义生成的特点。可以说，它是处在语言的基础上，但是又超越了语言的一种隐形间性。在大学英语教学中，不仅要将跨文化原则渗透到基于主体间性的教学理念、教学模式和教学方法中，而且要在媒体间性的基础上，对媒体进行不断创新，从而促进文化交流、传播以及多元文化资源的开发利用。

此外，大学英语课程教学的一个固有属性就是跨文化性，这在教学课程设置、教学计划、教学组织、教学内容、师生和生生之间的交流方式、社团活动以及教学资源建设等方面都有所体现。它所反映的不只是该学校的文化风貌，同时也是教师的跨文化素养和教学水平。可以说，它对学生跨文化交际意识的培养是非常有帮助的。

（4）基于语言间性的外语教学原则

除了需要遵循以上几项原则，大学英语课堂教学还应该遵循外语基本教学原则，之所以要遵循这一原则，是因为大学英语的课程性质以及大学英语教学研究的学科属性。常常会被用到的外语基本教学原则主要就是基于中介语、母语迁移等二语习得理论的教学原则。

（5）基于间性整合的教育生态学原则

生态化教学应该算是大学英语多模态教学的一个最为理想化的状态。大学英语多模态教学应该在遵循交互性教学原则、多模态教学原则、跨文化教学原则及二语习得教学基本原则的基础上，对间性理论、教育生态学、建构主义学习理论等进行综合运用，从而使大学英语教学模式更加多元化、动态化、系统化和生态化。

总的来说，就是要对多媒体网络和大学英语教学各要素之间的生态平衡进行较为全面的整合和协调，只有这样才能使大学英语教学改革得到进一步推进，才能在多媒体网络环境下实现大学英语教学效能的最大化。

三、产出导向法英语教学模式创新的理论基础

（一）新时期背景下的 POA 理论体系

结合大学课堂教学实际和新时期的英语学习能力标准，以文秋芳教授为代表

的教学研究团队提出了“产出导向法”（Production-Oriented Approach，简称POA）理论体系，该体系由教学理念、教学假设和教学流程三部分组成。

在POA理论体系中，教学理念包括“学习中心”说、“学用一体”说和“全人教育”说。“学习中心”说强调学习的主体地位，即不同形式的教学活动应该为学习服务，教学活动可以以不同形式开展，但应当满足增强学生的学习动机、提升学习效能、培养学习能力的需求。“学用一体”说强调在做中学、边学边做、学以致用。POA理论体系中的教学活动以实际场景交际任务为出发点，激发学生学习欲望，学生为了实现交际目的而主动学习相关语言知识和技能，利用所学完成任务要求，既保障了学生有充足的学习动力，也达到了学以致用的目的。“全人教育”说的重点在于学生素质的全面培养，除了语言知识的巩固强化，更强调学生批判性思维、独立学习能力的培养。

教学假设认为产出是语言学习的驱动力和目标，产出性学习能带来更高的学习欲望、学习热情和更好的学习效果，适时地提供能够促成产出的适当输入能够取得更好的学习效果。学习者会根据产出的需要，从输入材料中选择有用的信息进行深度学习，同时也会根据自己产出的需要进行自主的学习。对学生的评价会促使教师调整教学节奏、掌控教学进度、结合延时评价，使学生进一步提高学习水平。

教学流程是实现前面二者的载体，同时也是实现POA教学目标的步骤和手段。

该理论体系以输出活动为教学目标，以输入内容促成输出，在教师引导下完成教学活动并进行评价。那么，信息化背景下的POA教学应当如何将新媒体运用到新的教学模式中？

（二）POA理论指导下的教学

1．教学模式设计

产出导向法所设计的教学过程包括驱动、促成、评价三部分，在课堂活动中引入微课、QQ群这样的新媒体新平台，辅助教学活动，从输出任务的布置、完成，输入内容的选择、发布、共享到评价活动的开展，都能够借助新媒体来实现。

教师将学生进行分组，布置实际交际任务由学生完成，实现输出驱动。课前安排学生搜集中外励志故事及名人轶事，小组内交流讨论之后选取最具代表性的故事在全班呈现。学生依据教师的引导进行选择性学习，找出所搜集故事与课文故事之间的异同，发现课文内容的行文特点（时间顺序、插叙），再将小组最佳故事以要点形式记录下来共享至班级学习QQ群。

学生完成驱动任务之后，教师根据完成情况（包括故事叙述的完整程度、拼写及语法错误、故事结构的条理性）设置课堂学习目标和重难点，从词汇、句型到篇章结构。这些内容经由网络微课视频、QQ 群共享课件对学生开放，学生在课前、课中随时查看。课堂学习内容以小测试为主，通过单词填空、句子改写的形式考查学生对重难点知识的掌握程度，利用网络 App 应用对学生测试进行集中批改和评估，帮助教师及时掌握全体学生对某一知识点的即时学习情况。在最后的评估环节，教师在群内发布新的输出、写作任务，分三个层次，循序渐进地让学生按照要求对原文内容进行复现、仿写并最终完成独立创作。三个写作任务如下：①按照时间顺序梳理课文故事的梗概（主要事件）；②根据原文的时间先后顺序，对原文故事进行复写，适当增加表示时间的词或短语使上下文衔接流畅；③使用前面任务中出现的时间顺序词写一个励志故事。三个写作任务用时 2 个课时，每个任务在群内发布，学生小组内完成并互评。借助 QQ 群的功能，学生可以在大群之下建立单个讨论组，供组内成员讨论交流并以图片或文档的形式在组内成员之间分享自己的作品，组间讨论可以在班级群或者课堂上以口述、朗读的方式进行，学生组间互评，教师进行整体的即时点评。对于最佳作品，教师可以在群里发起现时投票，选出最佳作品，加上教师评语后，分享至群文件供其他学生在课后任意时间对这种典型样本反复模仿学习。

在写作任务全部完成之后，教师在群内发布讨论话题，在讨论结束后总结并点评，根据学生的聊天记录对学生进行形成性评价。

2. 教学效果反思

POA 教学理论体系是时代的产物，能够很好地与新媒体新平台结合起来，智能手机的普及保证了每个学生都能够也愿意在这种平台进行英语学习。教学的每个环节都可以使用新媒体平台发布教学资源、收集反馈信息。POA 体系倡导的输出驱动观点能够激发学生的学习动机，学生可以自己在网络上寻找并下载与教学重难点有关的视频资源观看学习，这种学习行为可以是课外的也可以是课堂内的，保证学生对知识的反复强化和掌握。QQ 群的使用打破了生生之间的隔阂，让原本不太愿意参与活动或发言的学生也有了表达的平台，群内文字信息的交流可以反复查看，学生可随时回顾教师授课内容的重难点，从而避免遗忘。大部分的学生表示喜爱这种新的授课模式，其大大提高了自己的参与感和成就感，群内讨论可根据需要采取自由发言或者全体禁言模式，保证群内发言的秩序有条。学习目标明确、输入资源丰富和输出任务的完成循序渐进，有效地提升了学生对课文内容的了解程度和掌握程度。

3. 存在的问题

在使用 POA 教学理论指导教学的过程中也存在一些明显的问题，如手机在课堂的使用时间。学习态度端正、学习习惯良好的学生对于这种课堂模式非常适应，能够合理分配课堂使用手机的频率和时间，而学习效率低下的学生则容易将这种模式变成玩手机的另外一个理由，将手机用途变成了看视频玩游戏，这需要教师加强课堂管理。此外，在完成产出的过程中会有明显的搭便车行为。小组成员会因为能力不足或兴趣不足的原因在活动中消极怠工，最后借鉴其他成员的成果来应付教师的检查，而小组成员碍于同学情面一般会默许这类现象的发生。教师对这一现象的管理和处理有一定的滞后性，可能造成不良后果而影响整个 POA 教学环节。还有一些学生在小组活动中有很强的支配性，一般出现在有班长、学委或优秀学生的小组。他们会抢占大部分的展示资源，即便教师发现后进行干预，组内学生往往会选择听从支配学生的意见，甚至直接展示支配学生作业成果。

这两种情况在 POA 教学的后半期都会不可避免地出现，从维护学生积极性和保持教学一致性出发，教师都只能采取以正面教育为主的方式。此外，POA 教学模式的应用为基础较差的或是偏科的学生带来了很大的压力。在传统教学中，教师可以选择性地给予这类学生一些照顾，缓解学习过程中的压力和尴尬，帮助其提高英语水平从而使其渐渐融入班级。而在 POA 模式中，他将不得不面对更多人的评价，自学能力不强和抗挫折能力不强的学生容易产生放弃心理。

第三节　大学英语教学模式创新改革的必要性

自从我国 2001 年加入世界贸易组织，经济、政治、文化等活动的国际化进程不断推进，冲破英语语言难关的必要性被无限放大。社会上需要具有基本的英语听说读写能力的大学毕业生。在过去较为保守的教学体系中，大学英语四、六级成为衡量学生英语技能水平的重要指标，反观当下，显然大学英语四、六级考试已经远远不能够满足社会检验大学生的英语能力的需求，这直接导致的是，社会上对大学英语教育的质疑声越来越大，越来越多的企业选择雅思、托福等国际英语测试系统为标准。我国的高校英语教学被推至一个极为尴尬的局面。然而，高等教育作为培养高等专门人才的社会活动，它是我国教育事业的重要组成部分，是为社会输送人才的中坚力量。高考“一考定终身”的观念长期笼罩在万千学子的意识领域中。我国的家庭和学生把进入大学看作改变命运和人生轨迹的重要转折点，可见高校教学在我国社会中所扮演的角色是多么重要。现行的高等英语教学制度并不能符合高等教育的要求，不应该因为英语教育而丢失了高等教育最初始的目的，但是从侧面来看，英语教学的乏力是我国高校教学体制改革的重要原因。高校的英语教学模式改革势在必行、刻不容缓。大学英语教学的目的应该是培养学生的英语综合应用能力，尤其是听说能力，以适应社会发展需要。英语教学不应该仅限于理论的学习，更重要的是应用，应用就意味着学习语言要首先学会沟通和表达。接受高校英语教育，并可以使用英语满足日常生活需求，这样的教学成果才是有效的、实用的、被认可的。

而事实上，在我国的大学英语教学中，由于软硬件条件的限制，文化教学与语言知识教学所占的比重很小，听说能力也没有着重培养，很多大学生至今还是学习着“哑巴英语”。很多学习都仅限于记单词、做题、刷题，这种“死记硬背”式的学习方式仅仅能够帮助学生们通过大学英语四、六级考试，说到底还是一种应试教育，并不能帮助大学生真正掌握英语这门语言。这直接导致了其所塑造、培养的学生缺乏相应的文化交际能力，很难真正地融入英语环境中。这种大学英语教学模式培养出来的学生即便语言分析能力很强，也始终不能成为合格的英语学习者。社会文化能力和语言交流能力不够强，就不能真正地称之为学会了这门语言。可以说，这样的模式培养出来的学生都很难达到及格线。尤其是在经济全球化背景下，对于大学生的要求也发生了改变，国际的交流变得更加重要了，不仅要求能听懂和能说，还应该了解英美语言文化，互相尊重，方便大家愉快、顺畅、便捷地交流。如今的教育培养出来的英语专业毕业生与在英语语境下学习的学生，除了文化背景的差异，二者甚至都不能进行简单的交流。这样的大学毕业生不只不能满足社会的需要，就连毕业都是不合格的。我们不免需要反思大学教学模式的弊端以及这弊端是否盖过了它的优势。这种种现象表明了我国高校的英语教学存在一定的问题，顽疾不除，后果将不堪设想。社会各界以及各个家庭都不想我国的高校毕业生都是不被社会认可的“残次品”。因此，改革是高校进行自我完善和发展的必由之路。我国的高校应该坚定不移地将每一门学科的教学模式改革放在教育工作的首要位置，迫使每一门学科都能取得相应的良好效果，进而产生更好的学习成果和突出的社会效益。

一、新媒体时代下高校英语教学模式机遇与挑战并存

随着新媒体时代的到来和移动技术的不断发展，外语教学与越来越多的新技术相匹配。多媒体技术为大学英语教学带来了丰富的资源和先进的教学手段，大

学听说课堂引入多媒体为英语教学带来了更大的发展空间和更多的机会，新媒体技术与英语课程相结合，使教学内容更加丰富、生动和新颖，打破了过去听说课堂中所遇到的瓶颈，有了新的教学内容呈现方式和更便利的学习互动形式，帮助了大学传统教学方式的改革，满足了学生和教师课堂的需要。很多英语学习 App 应运而生，学生可以随时查询词汇而且有新颖的方式助力自己记忆单词，如很多大学生用的百词斩，用图片的形式帮助学生记单词，它还有签到分享、帮学生规划每天记忆的目标和帮助复习之前记过的单词等功能。不仅如此，很多 App 上面有网络英语课程、英语名著阅读、口语练习等内容。这不仅可以帮助学生提高英语技能，还可以帮助他们提升英语文化素养和沟通能力。新媒体技术还可以帮助教师更好地管理学生，如手机签到系统和 App 点名系统等，教师可以利用移动设备随时随地指导和监督学生。有了新媒体技术，教师也可以更方便地和家长沟通学生学习近况。手机的短信功能可以实现课堂的及时反馈，教师为了随时掌握学生的学习情况，在课堂教学的恰当时机要求学生用短信息的方式进行学习反馈，根据反馈结果调整教学步调、教学方法。对课堂有疑问的同学可以通过短信等方式问教师问题，不仅节省时间还可以避免有些同学不爱当面问问题的尴尬。新媒体技术的出现，使得高校不再局限于传统的教学形式，学生被网络学习吸引，有可能不在传统课堂上上课，因此大学英语教学改革势在必行。

二、高校毕业生就业难的要求

当前，社会经济高速发展，社会竞争越来越激烈。我国正处于经济转型期，人才资源的供求关系结构也变得复杂。社会上存在着毕业生的专业供求不完全匹配和教育质量下滑等问题，就业结构性矛盾突出。不禁让更多人感叹，社会对于全能人才的需求越来越多，毕业生就业越来越难了。同时，高校扩招使大学毕业生源源不断地输送给社会用人单位，大学生就业问题变得严峻。教育深化和知识失业问题突出，不少高校毕业生待业在家，而许多不需要受教育的工作无人做，民生问题日益突出。

从高校教育实施者和受教育者的角度来看，世界经济全球化是不可逆转的趋势，只有主动迎合社会发展的需求，才能使得高校教育经久不衰，才能使得高校培养的大学生顺利地在社会中找到自己的位置。当下我国的经济形势稳步向好，吸引了更多的外资企业、合资企业和跨国企业前来投资发展，这给予了我国的大学毕业生一个接触世界文化的良好平台。同时，我国的大型企业纷纷在国外投资建厂，积极拓展国际业务。这向我们揭示了一个迫切需要解决的问题——寻找国际化的人才。只有人才的繁盛才能助力我国在国际市场上进一步地扩大社会影响力。这种需求下的国际化人才首先应该具备的能力就是语言能力。然而，我国高校的培养计划向来都是以重视理论体系的搭建为主，学生的实践能力经不得社会检验。高校与社会之间横亘着一条巨大的鸿沟，大学毕业生要想通过社会的检验和认可就必须从实习生做起，经过漫长的锻炼和等待才能成为一名合格的社会人士。高校教书育人的很大一部分责任被学生承担，这不禁要让社会和学生反思，高校教学的意义在哪里。全球化在不断发展，再加上知识经济的持续冲击，学历的因素被逐渐弱化，更多的企业看重学习的具体技能和实践经历。从这个角度出发，大学生必须具备新时代发展要求的核心本领才能成功发展。英语随着时代发展，已经成为学生必备的核心就业能力。这种趋势将随着时代的发展越来越深化。即使各种翻译软件和学英语 App 出现，也不能真正取代人与人之间的面对面交流。我国的大学生肩上还是扛着沉重的英语学习任务。目前的大学生们已经嗅到了就业口味的转变，但是大家看待英语的视角更多还是与大学英语四、六级考试的通过率挂钩，还不曾意识到，英语能力将会深深影响他们的就业和生存。在这种社会现状中，面对社会公众对高校教育体制的质疑，我们必须反思，现有教育培训体系缺乏必要的就业市场需求导向，缺乏对创业行为的深入研究，高等教育培养出来的大学生在知识和技能结构上与人才市场的需求存在严重脱节，大学生就业的结构性矛盾日益突出。

（一）新形势下高校毕业生就业的现状

大学生是社会发展进步不可或缺的人力资源，高校扩招使得高等教育逐渐成为较大限度的大众教育。值得庆幸的是越来越多的人迈进了高等教育学府，享受着高等教育，人们的素质也随之不断提高，但是教育体制的松散和僵化导致了大学生的就业状况越来越糟糕。每年大学毕业生的数量越来越大，大学生就业成了一大难题。严峻的就业形势，一方面迫使高校毕业生把就业的方向转向了考取国家机关公务员或者教师等岗位；另一方面使得越来越多大学生毕业之后选择继续深造，期望能够通过夯实知识体系的方式在就业时占据优势。另外，严重的就业歧视也造成了许多职业没人从事。一些大学生存在眼高手低的问题，缺乏踏实的精神，缺乏不断提升自己、迎接挑战的勇气和信心。大学生找不到适合自己的工作，失业在家，岗位有空缺，人员有闲置，就业结构矛盾加剧，这就导致了就业难的问题一直是我国甚至是全世界普遍存在的民生问题。

在国际经济发展下行的压力下，大量大学生涌入人才市场，大学生就业形势不容乐观。当前国内经济处于转型期，由原来的高速增长到现在的中高速增长，经济暂时不会回暖，而且由于改革开放，职场中越来越需要复合型人才，不仅需要了解自己专业领域的知识，还要具备扎实的英语语言功底，可以和英美人士流畅沟通。高校毕业生达不到这样的英语水准，企业无法从大学英语四、六级成绩中了解毕业生的英语水平，但我国基本英语等级考试就是大学英语四、六级考试，大学生大多参加的只有这两个考试。因此企业更加喜欢留学回来的海归，他们不仅会说英语，还了解英美文化，具有现在国内高校毕业大学生没有的优势。

（二）高校毕业生就业难问题的原因分析

由于各级政府机构改革，国有单位对毕业生的需求减少，毕业生数量却在增加，所以就业难的问题愈演愈烈，得到社会上的广泛关注。

由于经济形势严峻，经济机制缺少弹性，企业对于人员成本是能省就省，使得很多人身兼多职。很多中小企业又发展得比较艰难，这导致职业人员需求减少，对高校毕业生的要求也变多，最终导致很多毕业生做鸵鸟选择继续学习、逃避就业。

大学生在就业中还存在着就业心理准备不足的问题。对于大学生来说，就业是非常重大的事件，是人生一个重要的转折点，职场与学校有着很大的差异，大学生的心理承受着很大的压力。大学生实践经验不足、学校就业指导不足，这使其面对职场难免会胆怯。而且新闻对就业困难的情况大肆报道，很多大学生还未出校门就产生了恐惧心理，职场对毕业生的要求越来越高，大学生准备不足也在情理之中。

有些大学生贪图享乐，在找工作时抱有强烈的就业歧视观念，只想找既轻松、投资回报率又比较高的工作，但这显然是不可能的。对于大学生，出了校园也是需要不断学习的，终身学习的要求已经不仅是一种兴趣，还是一项硬指标。这要求大学毕业生必须摆正自己的心态，踏踏实实工作，在工作中学到更多的东西。

有些大学生喜欢待在经济发达地区，导致许多人都聚集在一、二线城市，这些城市的工作机会较多，但国家其他地区也需要建设，若大学生都挤入一、二线城市的话，则其他地区建设会越来越慢，贫富差距越拉越大，就业也会表现为越来越难。很多大学生向往一、二线城市的各种优秀资源，不愿意回到自己的家乡、回到农村去建设，使得失业问题更加严重。

（三）当前高校英语教学模式对就业的制约作用

随着我国不断深入参与经济全球化，各行各业对英语人才的需求越来越迫切，大学英语教育培养下的学生难以满足社会对英语实用型和复合型人才的需要。多年来，学校里的教育把英语语言当作纯知识去讲授；教师和学生使用的教材比较陈旧且不符合新时代的要求，更多注重语法的学习，缺少英语实践的机会；学生缺乏主动性，总是被动地接受教师教的知识，因此这种情况下大学毕业生的英语口语能力较差。企业更加喜欢从国外留学回来的或是在国外生活过的学生，接触英文环境多年，这有助于降低企业的培训成本，使得大学毕业生的就业形势更加不容乐观。

由于我国本科教育的迅速发展，大学扩招，大学的英语师资变得紧张，教师稀缺，多媒体设施也紧缺，班级规模扩大，教师一节课教的学生越来越多，其注意力也越来越分散。这种大班英语授课的状况使教师根本无法开展外语教学最需要的语言交际活动，只能照本宣科，大大影响了学生参与实践的能力和教学效果。大学英语四、六级考试通过率作为衡量该课程的唯一指标，被很多高校作为评价教师教学效果的唯一尺度。教师为迅速完成教学目标就只能向学生传输多做题、多练习听力和阅读的理念，甚至给学生作文模板，各种途径只为了让学生通过大学英语四、六级考试，这种教学忽视了学生语言实际应用能力的发展，与高考英语这种应试教育又有什么不同呢？与此同时，随着改革开放的进一步发展，金融和对外贸易发展迅速，英语能力越来越重要，但大学生的英语能力成为大学生就业的短板，这使我国的对外贸易受到阻碍，许多企业因为缺少英语人才无法发展国外业务，这又会造成企业缺少扩大的机会，从而也就无法增加就业的机会，大学生就业难的情况无法得到缓解，陷入恶性循环。

第四章　大学英语教学模式的创新实践

本章为大学英语教学模式的创新实践，依次介绍了信息化背景下大学英语混合式教学模式的创新实践、基于微课的大学英语教学模式的创新实践、大学英语多模态教学模式的创新实践三个方面的内容。

第一节　信息化背景下大学英语混合式教学模式的创新实践

一、信息化背景下高校英语混合式教学的优势与要素

（一）信息化背景下高校英语混合式教学的优势

1. 方便灵活

信息科技与互联网的发展及其所带来的便利，使得英语教学视频可以在网上广泛传播，多样化的视频教学形式，如专题讲解、碎片化学习、视听说一体的视频教学等教学形式开始出现，英语教学的灵活性大大提高。首先，学生可以通过网络方便快捷地获取多元化的教学资源，不受时间和空间的限制而进行碎片化的学习。其次，教师可以利用网络资源提升自身的专业素质和水平，从而开展形式灵活、多样化的优质教学，提高英语课堂教学效果。

2. 贴合需要

在大学英语教学中运用线上线下混合式教学模式，能有效增强学生学习的体验感，提升学生的学习效率，而且符合学生的实际需求。首先，网上含有大量的英语教学视频，学生可以根据自身的水平和学习需求，自主选择优质课程，有针对性地利用教学资源。其次，通过线上线下混合式教学模式，学生可以获得丰富的学习体验，会形成自主探究的学习习惯，满足个性化发展需求。

3. 切入精准

相较于传统的教学模式，线上线下混合式教学模式切入点精准，在整体上能够扩展学习空间。该教学模式引发了教师主导的课堂格局的改变，通过丰富的线

上资源来充实课堂内容，并且通过线下形式多样的个性化实践措施丰富学生的学习体验，进而精准地切入学生的爱好点，拓展学生的学习空间。将线上线下两种模式混合应用，能够有效改变教学的思路、切实优化教学质量。

（二）信息化背景下高校英语混合式教学的要素

1. 教学环境

（1）媒体化课程教学环境的创建

将媒体化教学环境应用于课程教学中具有重要意义，在课程教学中，以传统教室为基础，有机组合诸多类型的教学媒体，通过屏幕投影将生动形象的多媒体教学信息如图片、视频、音频等直观呈现给学生，以优化教学过程，提高教学效果。

多媒体教室（多功能教室、多媒体综合教室、多媒体演示教室）是课程教学中运用最多的一类媒体化教学环境，也是比较新型的课堂教学系统之一。它集中了很多现代化的教学设备，教师在课堂上运用这些教学设备资源将丰富的教学内容直观呈现出来，使学生更加直观地掌握教学内容，并加深对教学内容的记忆。多媒体教室的教学功能有很多，结合课程教学，下面列举其中几个主要功能。

第一，常规教学。不管是传统的常规教学，还是多媒体教学，都可以在多媒体教室完成，这是多媒体教室综合性特征的重要体现。

第二，课堂演示教学。教学内容可以通过多媒体教室的教学设备被投影到清晰的大屏幕上，以便于学生直观地观察、学习。比赛场景或某个具体的项目动作等也可以通过多媒体系统来模拟演示。教师通过这种方法直观、明了地向学生传递教学信息，学生的感官受到刺激，学习兴趣自然就会提升，课堂教学效果与教学质量也会因此而得到改善。

第三，对教学信息与资料进行搜索。学校的多媒体教室一般都是连接网络的，有的还与校园网相连，教师可以在课堂教学中根据教学需要直接搜索所需资料，这能够为教师的教学活动与学生的学习活动提供便利、节约课堂时间、提高课堂教学效率。

第四，各种教学课件和软件的播放。教师可利用多媒体教学设备播放提前准备好的多媒体教学软件（录音带、VCD、CD 光盘等），从而使课堂教学效果得到强化与优化。

（2）网络化课程教学环境的创建

信息化教学的开展也离不开网络化教学环境的支持。教师将网络通信技术、计算机技术充分利用起来，通过文本、信息交互技术、影像等丰富的信息媒体资源向学生传递重要的教学信息与资源，以促进学生更好地进行自主学习与合作学习，提高课堂双向互动交流的效率和学生的学习效率。常见的网络化教学环境主要有多媒体网络教室、校园网、网络教学平台、远程教育网等。下面结合课程教学主要分析多媒体网络教室与校园网。

目前来看，多媒体网络教室（多媒体网络机房、计算机网络教室）作为一种新兴网络教学系统，在我国各类学校的应用非常广泛，大中小学普遍会用到多媒体网络教室。多媒体网络教室属于小型教学网络，由若干台多媒体计算机及相关网络设备互联而成，可以将其作为计算机机房使用，也可以作为多媒体演示室、视听室、语音室使用，这是多媒体网络教室的功能及应用形态的主要表现。要使用多媒体网络教室，必然离不开现代网络技术和多媒体技术的支持。多媒体网络教室在课程教学中的具体应用及功效主要表现在以下几个方面。

①优化教学结构，使学生有更多的实践机会。在课堂教学中，多媒体网络教室的软件可作为辅助教学手段，如教师口头讲解时，可用语音对话；示范动作时，可播放图片或视频，使学生看得更清楚一些。多媒体网络教室的设备还有监控功能，当学生自主学习时，教师可以检查学生的学习情况，发现其中的问题，从而对教学过程进行更合理的调控。学生如果在听讲或自主学习中有疑问，可利用电子举手功能向教师提问。教师可以利用辅导答疑功能来对学生进行个别指导，有针对性地解决学生在学习中的个别问题。另外，教师还可以组织学生交流经验、讨论问题，对于普遍存在的共性问题集体处理。这样可以在一个整体的系统中将诸多环节联系起来，使课堂教学结构更加优化，而且学生在交互式的环境下有更多的机会去实践，学习效果会有所提高。

②丰富教学内容，提高课堂效率。教师制作多媒体课件，要以教学目标、教学内容及教学需要等为依据进行，在课件制作中分类建库，分类储存各种教学资料，如教案、图片、实验用具等，以便在课堂教学中快速调用这些准备好的资源。多媒体网络教室集图书室、资料室、实验室于一体，与互联网连接，在课堂教学中教师可以获得教学所需的资源信息或校园网上的共享资源，借助丰富的教学资源来创设教学情境，使教学时空进一步拓宽，这也有助于良好课堂氛围的营造，既轻松愉悦，又保持适度的紧张。学生也可以利用学习机实现学习资源的共享，在获得这些资源的基础上充分发挥主体作用。这种教学方式具有高密度、高效率的优势，可促进课堂教学效率的提高。

③丰富教学内容的表现形式。多媒体信息符号的表现形式有很多，如文本、

图形、图像、动画、音频、视频等。这些常见的信息形式经过计算机的集成处理构成了多媒体信息结合体。在网络教室环境中可以用很多种形式来呈现多媒体信息，教师要选择最合适、最有效的表现形式来传授教学内容，可以单独使用某种表现形式来传递信息，也可以将多种表现形式结合起来传递教学信息，从而取得抽象理论具象化、静态知识动态化的效果，这有助于将学生的学习兴趣激发出来，对学生的学习能力进行培养。

④可优化组合多种教学形式。在课程教学中，教师可将本校服务器中的多媒体教学软件结合起来进行全面教学，学生在自主学习中也可以对学校服务器中的学习资源自由访问，提高自主学习能力。另外，教师与学生查询与运用网上资源都可以取得实时性的效果，这有助于师生之间以某个特定主题或教学任务为中心而展开互动，通过讨论室进行讨论，从而快速完成教学任务，使学生全面理解问题，这也为课堂中小组合作学习、自主探究学习以及讨论协商学习等多种学习形式的优化组合运用提供了方便。

2. 教学内容

（1）创设情境，使学生在真实情境中掌握和运用知识

在传统英语教学中，往往从具体情境中将英语知识抽离出来，抽离出来的知识是抽象性、概括性的。虽然这样可以将具体情境中的“本质”内容（概念、规则、原理等）体现出来，但是知识运用的具体性与情境性却被忽视了。这样学生虽然掌握了知识，但是在具体的任务情境中或遇到现实问题时无法运用所学知识，学习结果无法顺利迁移到现实中。要使学习者在建构层面掌握所学知识，也就是不仅要掌握知识的表面，还要深刻理解知识表面所隐含的性质、规律及相关关系，最好为学习者创造真实或接近真实的情境，使学习者在亲身参与中去感受、体会，获取直接经验，而不是从教师的口头讲解中去获取间接经验。

对此，在信息化英语教学设计中，英语教师要注重对真实问题情境的创设或对真实任务的设计，使学习者尽可能在真实的情境中完成所有学习活动。这里要注意一点，真实情境与现实情境不同，不一定要真实客观存在，情境有很多种类型，如基于学校的情境、基于自然或社会生活的情境、想象虚拟的情境、真实的情境等，在英语课堂教学中不管是创设哪种类型的情境，都只有一个原则，就是使学习者能够经历类似于真实世界的认知挑战。

（2）利用学习资源为学生的自主学习和协作学习提供支持

在信息化英语课程教学设计中，要将丰富多彩的信息化学习资源提供给学生，并在学生获取学习资源、分析处理学习资源、编辑加工学习资源的过程中提供引

导与帮助，从而为学生解决学习中的问题提供支持。有些学生对信息化学习资源不熟悉，也不习惯运用，对此，教师要加强对信息化资源的普及，不断鼓励学生使用信息化资源，使学生充分认识到这些学习资源给其自主学习带来的便捷与好处，然后借助现代信息化学习资源来更好地进行自主学习、合作学习。

（3）为学生提供有效引导、支持

信息化英语课程教学设计强调学习者充分发挥自身的主体作用，主动学习、主动探索，但因为学习者的知识结构还比较单一，认识水平还比较低，也缺乏实践经验，所以在学生自主学习的过程中，教师也要适当地进行指导，在关键时刻给予帮助，如为学生提供丰富的学习资源、反复示范正确的技术动作、为学生提供咨询服务、创设问题情境启发学生思考与探索等。对于那些自我调控能力差的学生，教师尤其要给予引导和帮助，以免学生因不熟悉新的内容或在学习中受挫而消极、被动地学习，影响学习效果。

（4）强调协作学习

信息化英语课程教学设计强调英语教师要重视设计协作学习方式，具体包括学生之间的协作、师生之间的协作、学生与他人之间的协作、各主体之间面对面的协作以及在计算机信息技术支持下的信息化协作等。协作学习不仅是学习者发展的需要，还是社会发展的需要，因此信息化教学设计特别强调协作学习。现在，社会分工的细化趋势越来越明显，知识增长也极为迅速，需要协作配合才能完成的工作越来越多，因此在现代人才的评价中，协作意识与合作能力成为一个重要判断标准。

从学习者方面来看，不同的学习者有不同的成长经历和知识经验，面对同一知识或问题，不同学习者的理解可能不同，学习者个人的理解可能是存在局限性的，或者说比较片面、肤浅、不充分、不完善，也有可能就是错误的。通过协作学习，学习者之间相互沟通交流，每个学习者充分表达自己的看法与见解，同时听取他人的不同看法，在这个过程中学会聆听、接纳、互助、共享，在不同观点的碰撞中更好地理解知识与问题，这时的理解比之前个人的理解更充分、全面、完善、深刻。

（5）在学习和研究活动中将“解决问题”和“任务驱动”作为主线

信息化英语课程教学设计强调不要将学习孤立看待，而要将其与更多的问题、任务联系起来，以“解决问题”和“任务驱动”为主线进行学习，学习者主动投入真实的问题情境或人物情境中，以完成学习任务、解决学习问题。英语教师在信息化教学设计中要多鼓励学生结合现实生活探究学习相关问题，将学习者的高水平思维激发出来，培养学生的高级思维能力。很多学习任务与学习问题背后都隐含着丰富的知识与技能，学生在自主学习或合作学习中探索这些知识与技能，在探索中逐渐掌握并学会运用，这有助于提高学生的探索能力。

（6）强调面向学习过程的质性评价

传统英语教学设计习惯上将简单的知识与技能作为评价学生学习成果的唯一标准，这在信息化英语教学设计中是不允许的。信息化英语教学设计强调在英语教学评价中应将师生在课程教学中的所有情况都考虑在内，强调在真实的评价情境下进行评价，主张凡是具有教育意义的过程与结果，都应该对其进行恰当的评价，不论其是否完成预定目标。此外，信息化英语教学评价还强调对学生学习能力的评价，但不是通过学习结果来评价其学习能力，而是通过其在整个学习过程中的学习行为来评价其学习能力的变化发展，最后做一个评估报告，将此作为改进教学方式与进一步培育学生学习能力的依据。

二、信息化背景下高校英语混合式教学的步骤与策略

（一）信息化背景下高校英语混合式教学的步骤

线上线下混合式教学模式在英语教学中的应用大致分为以下三个阶段。

1．课前阶段

在基于线上线下混合式教学模式的英语教学中，教师在授课之前要针对具体的教学内容和学生的学习情况选择切合的课程资源，并且结合实际情况布置能够培养学生自主学习能力的学习任务，以充分利用教材和网络课程资源。例如，“朗文交互学习平台”“新理念外语网络教学平台”等都是可以实现师生交互的移动网络平台。通过这些平台，教师可以将教材中所涉及的学习计划、学习目标、学习重点、学习难点、学习主题等相应的预习内容和学习任务，及时发到学生手中，学生可以根据任务的要求通过不同的方式，如个人独立思考、小组讨论等，有效地获取知识背景，高效地完成预习任务，而且在这一过程中，自主学习能力也会相应地提高。在这一阶段，教师可以利用自主式的学习平台，充分实现师生之间的互动，为学生提供有效的在线咨询，为学生答疑解惑，向学生提供有针对性的辅导和帮助，进而切实培养学生的自主探究精神和自主学习能力。

2．课堂阶段

所谓线下，也就是课堂上的面授。在这一阶段，主要是通过课堂的教学平台和自主学习平台的相互融合，展开具有针对性的多媒体辅助教学。首先，教师根

据学生课前预习的完成情况进行检查和分析，重点指出相关问题。其次，运用多媒体创设情境化的教学内容，进一步提出问题，引发学生积极思考，进一步激发学生的探究意识。再次，教师结合教学实际情况和单元主题，设计相应的学习任务，鼓励学生积极讨论，也可以通过情景对话、角色扮演等方式，激发学生参与的积极性，促使学生主动参与课堂教学活动。最后，教师鼓励和引导学生进行总结和反思，可以让学生进行自评或学生之间进行互评，进而总结学习内容，激发学生的学习动机和自主探究精神，巩固学习知识，同时提升协作互助意识和英语应用能力。

3. 课后阶段

在课后阶段，教师可以通过线上线下混合教学模式进一步补充相应的学习材料，有效拓宽学生的视野，加深学生对所学知识的理解和掌握程度。在课后，学生也可以利用网络平台寻找相应的复习资料，进一步巩固学习效果，扩大知识范围，更好地完成相应的学习任务。课后巩固延伸了课堂教学的空间，能够显著培养学生的自主学习能力，也能够为学生养成良好的终身学习习惯打好基础。

（二）信息化背景下高校英语混合式教学的策略

1. 带疑探究－讲授示范－动手操作型

①教师要根据课程教学的目标找到一个或几个富有探索性的问题，然后将问题在适当的时机以适当的方式向学生提出，并引导他们利用已有的信息技术找寻解决问题的方法。

②教师利用分解法，将问题由一分多，细致讲解每一个小问题，并进行必要的问题解决示范。

③学生通过教师的讲解与示范开始尝试解决问题，在这一过程中如果遇到新的问题便开始思考并向教师提出问题，得到解答后再进行操作，直到问题得到解决，最终掌握知识和技能。

④教师评价学生的学习表现，学生之间也要进行互评。

2. 任务驱动－协作学习型

①教师以教学内容中的重点和难点为依据，灵活设计信息技术的教学任务和目标。对于任务的设计要遵循由易到难、由简到繁、由外到内的原则。

②教师给学生布置教学任务，然后让学生自由选择自己的合作伙伴来共同协作开展研究。学生在研究学习的过程中对所获得的一切信息和资料都要注重和同伴分享、讨论、研究。

③教师对学生的学习活动进行总结性评价。考察的重点在于学生对信息技术的应用能力。

3. 自主－监控型模式

自主－监控型模式的教学地点是有网络连接的教室里。具体学习模式为，学生将教师提供的教学资源利用起来进行学习，教师则观察学生的学习过程。为了给学生创造良好的自由氛围，教师可在教室外通过监控观察。当教师发现学生在某环节中遇到问题时，则应适当提供帮助。在自主－监控型模式中，学生可根据需要使用网络资源。自主－监控型模式的实施程序如下。

①教师根据教学目标对教材予以分析，然后以教师认为最理想的方式向学生呈现教学内容。

②学生在接受了学习任务后，需利用相关资料或信息进行独立学习或协作学习。在此过程中，教师的任务是观察、监督，并在必要的时候提供适当的指导。

③教师对学生的学习活动进行总结性评价，总结评价具体到个人。

4. 群体－讲授型模式

群体－讲授型模式是面向多数人（通常为一个班）进行教学的模式。在这种模式下应用的信息技术只是作为一种教学手段出现。该模式的特点主要如下。

①集文字、声音、图像等多媒体展现教学内容于一身，让学生对课堂教学活动有更为直观的认识和理解，而不再是过往那种过于抽象的感觉。

②使用便捷、简单、易操作，如此得以将教学内容快速、及时地呈现出来，这无疑可以大大提高教学的效率。

③过往教学中那种宏观、微观以及空间等因素都不再成为限制，更加方便教师对教学重难点的把控与教学。

群体－讲授型模式的实施步骤如下。

①教师在备课阶段就要全面掌握教学内容，并对教学中需要的图片、视频等资料细致选择，对需要演示的课件要设计得当。

②教师努力创设教学情境，将教学信息展示给学生，引导学生思考。

③教师对教学活动做总结性评价。

5. 讨论型模式

讨论型模式是教师与学生通过网络进行实时或非实时交流的一种教学模式。这种模式的应用，通常是由教师提出某一问题，然后由学生讨论问题。对于学生的讨论，教师要一一听取，这是了解学生学习思维和发现其中可能存在问题的好机会。如果发现问题，教师要及时进行指导。这是一种对学生非常友好的教学模式，不过需要耗费一些时间，教学效率相对较低。该模式的基本步骤如下。

①教师根据教学目标对教材予以分析，然后以教师认为最理想的方式向学生呈现课件或网页类的教学内容。

②学生接受任务后，由教师指导查阅资料或信息进行独立学习或合作学习。要确保在完成学习任务的过程中使用信息技术。

③教师要对学生的讨论予以总结，学生间也可以互评，当然学生也可以评价教师的一些观点。

在讨论型模式中，教师要始终尊重学生的主体地位，要允许学生发散思维，对学生的一些奇异思维不要打断，而要先倾听，这是鼓励他们尝试创新的良好开始。

6. 研究型课程

研究型课程与当下常见的科学研究的方法十分接近。学生在这种模式的课程中利用信息技术作为工具来分析、归纳、整理各种资料，找寻对解决问题有帮助的信息。

研究型课程中的整合任务是课后的延伸，打破了传统的单一学科学习的框架，它会根据学生个体的认知水平以主题活动的形式呈现生活中的一些问题，以此激发学生的研究兴趣，并完成相应的学习任务。

学生在研究型课程模式中的学习，在设计研究方案、实施方案以及完成任务等环节中都享有相当高的自由度，教师更多的是在选题和资料收集环节中提供些许帮助，如此更能突出学生的主体性和参与性。不过，教师提供的帮助仍旧是不可或缺的，甚至可能决定学生研究型学习最终的成败。

三、信息化背景下高校英语混合式教学的具体模式

当前，互联网技术环境已经成为21世纪人们的基本生活环境，从信息化视角来说，人们逐渐使用互联网来展开教育模式的变革，这种变革在大学英语教学中的体现更为明显。在互联网教育背景下，大学英语教学更具有灵活性，也让学生提升了学习的积极性。但是，传统的教学模式已然与当前的时代要求不相适应，需要进行变革，因此新的教学模式产生。以下就来分析在互联网教育背景下大学英语教学的一些新模式。

（一）慕课教学模式

1. 慕课教学的内涵

慕课的全称是“大规模在线开放课程”，英文简称为MOOC，这一模式源于

美国，在短短数年间，就被全世界广泛运用。慕课这一模式是由具有分享精神与协作精神的个人组织而成的，他们将优质课程上传，让世界各地的人们可以下载与学习。慕课教学与传统课堂的比较如图 4-1-1 所示。

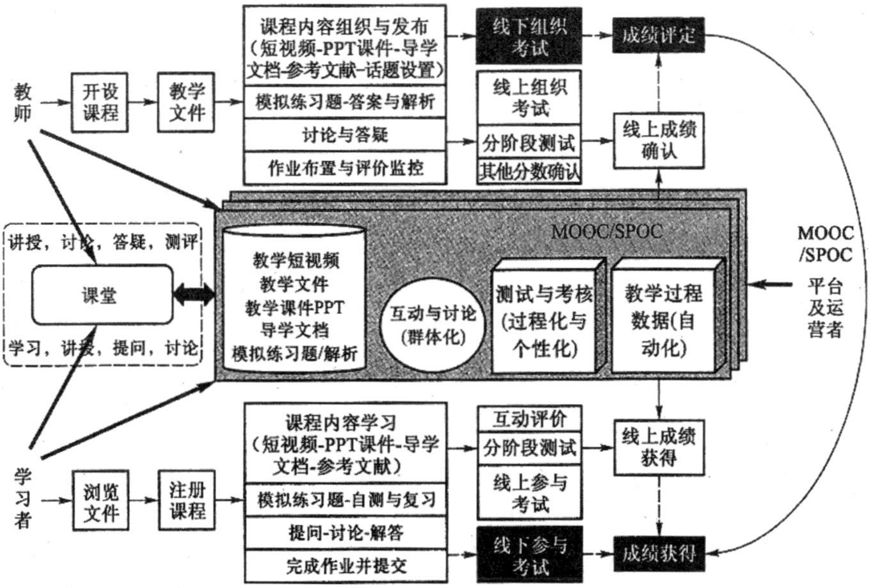

图 4-1-1　慕课教学与传统课堂的比较

从形式上说，慕课教学就是将教学内容制成数字化的资源，并通过互联网来教与学的一种开放环境中的教学。本质上看，慕课教学是一种与传统课堂相对的课堂形式，因为其基于互联网环境而发送数字化资源，实施的是线上教学。学生完成了网上课程学习之后，通过在线测试，可以获得证书或证明。

2. 慕课教学的优势

英语慕课教学在大学英语教学中的运用必然会导致教学方式与理念的变革。这就是说，慕课教学对当前的大学英语教学具有重大的作用，具体而言主要有如下优势。

（1）为学生提供能力培养平台

我国的大学英语教学虽然在不断发生变革，但是总体上还是将重心置于基础知识教学层面，这必然对当前的英语教学产生负面影响，即很难帮助学生提升自身的综合能力。受其影响，很多学生对英语并未给予过多关注。英语慕课教学为学生提供了新的专业动向与视角，便于学生调动自身的积极性，促进他们提升自身专业能力，对自己的问题进行专业化解读。

（2）对不同学生的水平进行平衡

如前所述，很多学生来自不同地区，学生之间也存在明显的差异，因此学生的基础水平也明显不同，如果教师实行大班课堂，那么很多学生很难学到想要学习的知识，甚至丧失学习的积极性。英语慕课教学是一个开放性的平台，为学生接受一对一教学提供了机会，便于缓解师生之间教与学的矛盾。同时，英语慕课教学也不受时空的限制，有助于学生在任何地方、任何时间巩固自身的英语知识，提升自身的英语水平。

3. 慕课教学的实施

一般来说，在互联网教育模式下，慕课教学往往会通过如下几个步骤来展开。

（1）设置个性化课程

就当前的大学英语教学而言，慕课教学对传统的大学英语教学模式的单一状况进行了改革。从教师资源来说，传统的教师资源是非常有限的，很多课程的讲述也缺乏针对性。基于这一点，慕课教学从学生的需求与兴趣出发，对文化课程进行设置，大幅提升了学生学习的兴趣和积极性，便于学生提高文化学习的质量与效率。

（2）采用多种教学方式

虽然很多学校都在推进英语教学改革，上课方式也不再是单一的形式，但是仍旧以知识点讲授为主，即使应用了多媒体，也都是以辅助形式呈现的，只是教师板书的一种替代形式。而慕课教学使得教学方式更加多样化，学生即使不在校内，也可以获得知识。

（3）采用多渠道的考核方式

在互联网教育背景下，大学英语教学中的慕课教学设置了多样化的考核方式，如果仅靠传统的笔试或论文形式，那么很难检测出学生的能力。在慕课教学模式下，可以实施开放性考核与个性化考核。这样多样化的考核可以不断激发学生的学习兴趣与积极性，从而更好地进入下一阶段的学习。

（二）翻转课堂教学模式

1. 翻转课堂教学的内涵

通常来说，大家对翻转课堂最朴素的解释就是，将传统的课堂学习和课后作业的顺序进行颠倒，即将知识的吸收从课堂上迁移到课外，知识的内化则从课后转移到课堂，学生课前在网络课程资源和线上互动支持下开展个性化自学，课堂上则在教师引导下通过合作探究、练习巩固、反思总结、自主纠错等方式来实现知识内化。

目前看到的最初的翻转课堂实施结构模型（图 4-1-2）来自美国富兰克林学院数学与计算科学专业的罗伯特·塔尔伯特（Robert Talbert）教授，他在线性代数等很多课程中应用了翻转课堂教学并取得了良好的教学效果。这一模型为后续学者、专家进行教学模式探索提供了基本思路。

随着教学过程的颠倒，教与学的流程、责任主体、师生角色、课内外任务安排、学习地点和备课方式等方面都发生了明显变化。与传统意义上的课堂教学结构相比，翻转课堂颠覆了人们对课堂模式的思维惯性，改变了学生学习流程，从新的角度揭示了课堂的新形式、新含义。有人认为，翻转课堂打破了持续几千年的教学结构，颠覆了人们头脑中对课堂的传统性理解，倡导先学后教、以学定教，赋予了学生学习更多的选择，强化了师生之间的沟通与交流，其实质是学生学习力解放的一次革命。这不仅契合了国家教育信息化发展规划指导思想的核心——创新学习方式和教学模式，还被称为是传统教学模式的“破坏式创新”，成为信息技术与学习理论深度融合的典范。

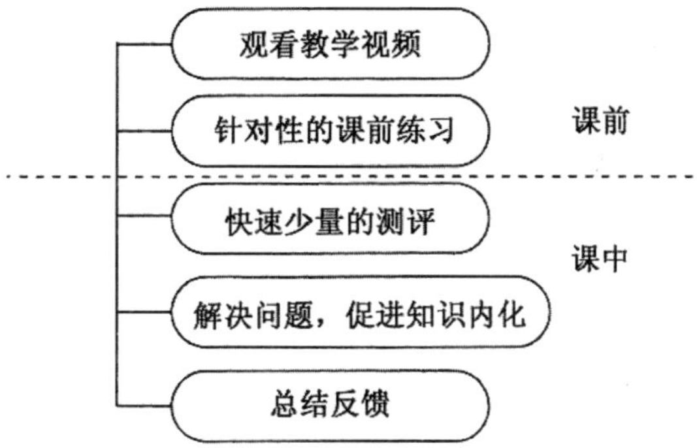

图 4-1-2　罗伯特·塔尔伯特的翻转课堂实施结构模型

2. 翻转课堂的优势

翻转课堂教学为英语教学改革提供了新的选择与良好的契机，从本质上体现了英语教学改革的深化，帮助英语教学突破困境，为学生的英语学习提供便利。下面就具体分析英语翻转课堂教学的优势。

（1）便于学生开展个性化学习

由于国内高校学生都是来自各个地方的，他们的基础水平不同，对英语的认知程度与爱好程度不同，因此呈现出明显的参差不齐。虽然现代的教学研究领域对这一点已经予以关注，但是传统的英语教学模式很难改变这一现状，尤其是很难实现分层教学。相比之下，英语翻转课堂教学恰好能从学生的学习兴趣出发，根据学生自身的能力展开教学，这样可以使不同阶段的学生获取符合自身水平的知识，从而循序渐进地展开英语学习。

（2）便于学生自由安排时间

英语翻转课堂教学有助于学生对自己的英语学习时间进行安排，尤其是对于毕业生而言，有助于他们合理分配自己的学习时间，将一部分时间用于自身的实习工作上，另一部分时间用于开展知识的学习。对于这一部分学生而言，英语翻转课堂教学非常适合他们。

（3）便于差等生反复学习

在传统的英语课堂教学中，教师将教学的重心置于那些优等生身上，因为在教师的眼中，这些学生可以紧跟教师讲课的步伐，愿意参与到自己的教学之中。但是，教师不能忽略的一点是，班级除了这些优等生，还有一些英语水平薄弱的学生，这些学生在课堂上往往是被动地听课，很难追赶上教师的讲课步伐，基于这些学生的情况，英语翻转课堂教学可以帮助他们开展反复的学习，即对教师课堂讲授的内容进行循环播放，以获取与理解所讲知识，直到真正地明白。另外，英语翻转课堂教学有助于教师节省时间，让他们将更多的精力放在那些差等生身上。

（4）便于人性化的课堂管理

在传统的英语课堂教学中，教师为了让学生能够更好地获取知识，往往对课堂管理非常注重，强调学生应该集中注意力。这是因为，在教师的眼中，如果学生被某些事情扰乱了思绪，那么必然会影响他们的学习进度。相较于传统的英语课堂教学，英语翻转课堂教学是不存在这一情况的，这可以从以下三点来理解。

第一，英语翻转课堂教学将学习的主动权归还给学生。英语翻转课堂教学强化了师生间、生生间的互动关系，让学生有了足够的主动权，发挥自身的主观能动作用，投入学习之中。虽然在传统的英语课堂教学中，教师也会对学生进行辅导，但是基于传统理念，教师的辅导仅限于形式上，教学活动仍在于讲授，学生并未占据主体地位。在“互联网 +”背景下，英语翻转课堂教学使得学生的主体地位得以确立，学生能够根据教师给予的资源开展自主学习，然后遇到不懂的情况，可以在课堂上与教师展开讨论，这样自己的知识久而久之就得到深化了。

第二，英语翻转课堂教学对传统的教学模式中学生的学习态度与观念进行扭转。在英语翻转课堂教学中，学生的学习内容是从自身的需要考量的，根据自身的兴趣来定位。学生根据教师提供的学习资料与路径，基于总体学习目标，对自身的知识进行建构，提升自身的英语水平。

第三，英语翻转课堂教学逐渐降低了学生对教师的依赖程度。也就是说，在英语翻转课堂教学下，学生知识的习得是最主要的，他们并不完全依赖于教师，因此学生占据主体地位。英语翻转课堂教学要求学生自主学习，在他们的自主学习中，往往会需要其他同学的帮助，久而久之就会形成一种习惯，然后愿意去接收与学习知识，并展开与其他同学的探讨，这样不仅有助于提升自身的英语水平，还有助于加强自身与他人的交流。

3. 翻转课堂的实施

（1）设计英语教学过程

翻转课堂作为一种颠覆传统课堂的教学模式，其教学设计过程当然不同于传统教学设计过程。虽然国内外出现了各种各样的翻转课堂教学，但它们都建立在课程资源、教学活动、教学评价和支撑环境这些要素的基础之上，因而翻转课堂教学的设计也是以此为依据的。

美国创新学习研究所提出了翻转课堂设计流程。该研究所认为，翻转课堂的设计过程主要包括确定学生课外学习目标、选择翻转内容、选择内容传递方式、准备教学资源、确定学生课内学习目标、选择评价方式、设计教学活动、辅导学生八个主要环节。

其一，确定学生课外学习目标。英语教学中翻转课堂教学过程的设计首先要确定学生的学习目标。翻转课堂使得课内教学和课外教学进行了颠倒，学生总共需要完成两次知识内化，第一次知识内化是在课外自主学习新知识，第二次知识内化是在课内完成的。显然，课内和课外对学生的要求是不同的，学生需要在课内外实现不同的学习目标。

其二，选择翻转内容。当确定了翻转课堂的课外学习目标后，就要结合学生本身的认知规律和特点去选择其课外自主学习的合适内容。课外学习目标主要是低阶思维的目标。

其三，选择内容传递方式。选择内容传递方式是指确定学生的自主学习内容通过什么媒体工具表现出来。教师要结合持有的接收设备情况、学习者的地理位置、学习内容的形式和资源大小等因素，选择适于学生开展个性化学习、传递内容形式丰富、传递速度快、获取方便的内容传递方式。

其四，准备教学资源。在确定了学习内容及其传递方式后，就可以搜集相关的网络学习资源供学生学习，或者开始制作、开发新的相应的学习资源。在该环节中需注意，无论是利用已有的学习资源还是自己开发新的学习资源，均需与先前确定的学习内容保持一致，并且资源的形式、大小等要求也需和传递工具相匹配。

其五，确定学生课内学习目标。第一环节确定的是课外学习目标，是针对低阶思维技能的学习目标；本环节确定的是课内学习目标，是针对分析、评估和创造等高阶思维技能的目标。因为学生在课外能参与的更多是培养其识记、理解和应用等能力的学习内容，而在课内学生是进行与同伴和教师面对面地交流、讨论和开展协作探究等活动。因此，这一环节的学习目标与第一环节的学习目标有所不同。

其六，选择评价方式。在教学正式进行前，教学中的主体和主导者，即学生和教师都要提前对课堂教学活动做好充分的准备。对于教师而言，选择一种合适的评价方式非常重要。低风险的评价方式应该是教师的理想选择，它是指不对学生的评价结果进行分数、等级的评比，而仅作为发现学生学习问题的一种教学评测方式。通过低风险的评价方式，教师可以发现学生学习真正的难点，以便教师和学生调整教学计划和学习计划。低风险的评价方式有很多，其中一种就是常用的课前小测验，这些小测验的题目量并不多，一般只有 3～4 个问题，针对的内容是学生在课外自主学习的内容，其不仅是检测学生在课前学习的事实性知识，还是为学生提供一个综合应用所学知识的机会。通过课前小测验，教师能及时地把测验中出现的问题反馈给学生，学生也可以向教师提出自身遇到的问题，并通过与教师交流促进问题的解决。

其七，设计教学活动。当通过课前评价了解到学生学习真正的难点后，教师需针对性地设计具有导向性的课堂教学活动，以便更好地培养学生分析、评估和创造等高阶能力，可采用基于项目的学习、基于问题的学习、协作探究学习等形式。

其八，辅导学生。教师作为教学的主导者，在各种形式的教学活动中都要充分发挥自身的主导作用，只有这样才能取得良好的教学效果。具体而言，在学生进行教学活动时，教师需提供相应的脚手架，为学生更好地开展活动提供必要的支持。另外，在必要的时候，教师还应该对某些理解学习内容和活动内容有困难的学生提供个性化的辅导。在整个学习活动中，教师需给提出疑问的学生及时的反馈，在学生汇报学习成果或学习结束后，教师要进行统一的总结反馈，以促进学生进行知识的内化和升华。

（2）开发英语教学资源

其一，支持翻转课堂的信息化教学资源。广义的教学资源是指用于教与学过程的设备和材料，以及人员、预算和设施，包括能帮助个人有效学习和操作的任何东西。随着信息技术的发展，信息化教学资源的概念出现了，它是指在以网络和计算机为主要特征的信息技术环境下，为教学目标而专门设计的或者能为教育目标服务的各种资源，包括教育环境资源、教育人力资源和教育信息资源。

随着信息化资源的发展与教育应用，翻转课堂教学理念才得以提出。从上述翻转课堂的完整过程可知，支持翻转课堂需要用到的信息化教学资源主要包括教学视频、进阶练习、学习任务单、知识地图和学习管理系统五大类。

翻转课堂教学的实施，不仅需要将上述教学资源作为主要资源，还需要借助一定的教学辅助工具软件。该类教学资源几乎贯穿于翻转课堂的全过程，其作用主要是帮助教师进行教学视频的制作、促进师生间开展交流协作、辅助学生学习成果的展示等。按照作用于翻转课堂教学开展过程中的不同方面，可以将教学辅助工具分为视频制作工具、交流讨论工具、成果展示工具和协作探究工具四类。

其二，遵循资源选择原则。翻转课堂的每类资源都各具特点，并且每类资源可供选择的具体资源种类、载体类型众多，因此教师应根据教学实际需要选择合适的翻转课堂的教学资源。一般而言，翻转课堂教学资源的选择需遵循最优选择原则、具有较强兼容性原则、多种媒体组合原则。

最优选择原则是指教师根据教学内容和教学目标的要求，选择存储和传递相应教学信息并能直接介入教学活动过程的载体，就是选择最优教学资源。

当众多便携式的移动智能终端在大学英语教学中广泛应用后，大学英语教学不仅变得更加高效，还发生了一场变革。在这种情形下，翻转课堂理念变得普及起来，翻转课堂的应用也得以在大范围内开展。翻转课堂实施的普遍现象是，学生利用各类移动设备，如智能手机等进行课外自主学习，课内教师利用移动终端设备进行授课。资源载体的改变，迫使资源的形式也做出相应的改变，要求其必须兼容各类学习终端设备，在各类终端设备中都能流畅运行。这就是具有较强兼容性原则。

多种媒体组合是指翻转课堂教学真正做到了以学习者为中心，这对后期的教学资源的选择也有着一定的指导作用。在选择教学资源时，教师应该考虑学生的兴趣、生活现实，尽可能选择丰富的教学资源形式，即有机结合文字、图片、声音、视频、动画等多种媒体形式进行教学。这就是多种媒体组合原创。

（3）设计英语教学活动

根据前面所述的翻转课堂的完整过程，翻转课堂教学活动设计包括课外活动设计和课内活动设计两个部分。

其一，课外学习活动设计。翻转课堂的课外学习活动一般属于线上活动，主要包括以下几类。

①在线学习。在线学习主要有阅读电子教材和观看教学视频两种形式。在课外，学生通过阅读相关的电子书籍、资料或观看教师提前准备好的讲授视频，掌握并理解课程中重要的信息。有时为了加深学生对信息的理解，在线学习的材料还附加一些引导性问题、反思性问题、注释、小测验等，用于辅助学生进行自主学习。

②交流讨论。通过在学习管理系统中开辟一个专门的讨论区，或借助专门的在线交流工具，教师和学生以课外学习内容为主题展开交流和讨论。讨论主题既可以是教师预设的，也可以由学生创设，这样一种师生在线辅导和生生自由组织学习的学习模式就形成了。借助这种学习模式，学生掌握学习内容的速度较快，并且掌握的层次较深，可以为课内的学习活动做好准备。

③在线测评。在学生完成了新知识学习的任务后，可以进行在线测评。在线测评一般采用低风险、形成性的评价方式，这不仅检验了学生的学习成果，还提供了一个学生反馈问题的机会。通过在线测评，教师和学生在课内教学活动开展前针对问题提前做好准备。

其二，课内学习活动设计。根据翻转课堂的特点，影响翻转课堂教学效果的最大因素是如何通过课堂活动设计完成知识内化的过程。在设计课堂活动时，关键要看情境、协作、会话等要素是否有利于学生主体性的发挥，从而促进学生达成具有高阶思维能力的目标。

第二节　基于微课的大学英语教学模式的创新实践

一、微课的内涵

对于“微课”的概念，目前还未统一，不同的学者观点不同，下面介绍一些有代表性的关于微课的观点。最早提出“微课”这一概念的学者是胡铁生，他通过借鉴慕课的定义，认为微课即微课程的简称，即以微型视频作为载体，对某一学科的重难点等教学知识点与教学环节来设计一个情境化且支持多种学习方式的网络课程[①]。之后，他又对这一观点进行了改进，认为微课是根据新课程标准及课堂教学的实际情况，以教学视频为载体，记录教师在课堂中针对某一知识点或教学环节而展开的多种精彩教学活动的有机结合体[②]。而学者郑小军、张霞则认为，微课不等同于课堂上的实录，而是从某个重难点出发创作的视频，即微课聚焦了重难点问题，将那些有干扰的信息排除掉[③]。

上述众多学者的概念是非常具有针对性的，在一定程度上将微课的特征反映出来。本书对于胡铁生的定义更为推崇，认为从本质上说，微课是一种支持教与学的微型课程。

二、微课教学模式的优势

从微课教学的内涵与构成来看，微课是基于现代的信息技术建立起来的，与英语教学大纲相适应，是一种新型媒体技术在大学英语教学上的运用。可以说，基于微课模式的大学英语教学有着很多现实意义，下面做具体分析。

（一）主题鲜明，便于成果简化与传播

由于大学英语微课教学具有鲜明的主题与具体的内容，因此便于成果简化与传播。同时，其传播的方式也是多样化的，如可以通过微博进行传播，也可以通过网上视频进行传播。

（二）资源容量小，并体现情境化特点

一般来说，大学英语微课教学中的视频只占据几十兆的容量，是非常小的，在格式选择上也多为流媒体格式。在大学英语教学中，微课教学更有助于师生之间、生生之间的互动。

除此之外，大学英语微课教学凸显主题，趋向于明确性与完整性。视频片段作为微课的主线，对教学资源进行统一整合，构成一个资源包，为学生创造一个真实的学习环境。这些都体现了大学英语微课教学的情境化特点，有助于教师提升自身的大学英语教学水平。

---

① 胡铁生．“微课”：区域教育信息资源发展的新趋势[J]. 电化教育研究，2011（10）：61—65.

② 胡铁生，黄明燕，李民．我国微课发展的三个阶段及其启示[J]. 远程教育杂志，2013，31（4）：36—42.

③ 侯丽梅．自主学习能力培养下的大学英语教学改革[M]. 北京：中国书籍出版社，2022.

三、微课教学模式的创新实施

虽然大学英语教学中微课教学的设计是当前主要关注的问题，但是也不能忽视大学英语教学中微课教学的实施。

（一）微课辅助的英语专业翻译课堂教学模式

互联网时代，许多教师利用多媒体设备制作出优秀的微课视频，学生通过网络在课前进行学习并完成相应的翻译练习，这种形式提高了学生对翻译的兴趣和课堂学习效率，受到学生的欢迎。在微课辅助的教学模式中，与课前学生通过视频自主学习同样重要的是新的课堂教学模式，即课堂翻译实践。科技的进步固然可贵，但想要帮助学生切实提高翻译水平，还需在课堂中回归翻译的本质。本节结合体验式学习理论，从教学模式、教学步骤和对教师的要求三个方面探讨在微课辅助的翻译课堂上，教师如何更好地辅助学生体验翻译的过程，给予他们有效指导，提高学生的专业水平和翻译质量。

1. 体验式学习理论及微课辅助翻译教学模式

体验式学习理论是由美国学者大卫·库伯（David Cooper）提出的，学习不是简单地复制知识，而是一个创造知识的过程，个性化的知识来源于个体对实践体验的理解和转换。从广义上讲，体验式学习是一种在教师指导和促进下，支持学生将知识和概念理解应用于现实世界问题的学习模式。体验式翻译教学可以有效提升学生的翻译能力。体验式学习模式为学生提供的学习动力来自教师为学生创造的学习环境和条件，也来自师生及学生之间的反馈，该模式鼓励学生成为自我导向的学习者。与传统的翻译课上学生被动的学习模式不同，微课的视频教学可大大节省课堂上教师讲述翻译理论和技巧的时间，使学生有更多的时间在教师的指导下进行翻译操练、体验翻译过程。通过体验式学习，学生可以主动思考，联系已有知识，发现问题、解决问题，从而深化对新知识、新技能的理解。因此，体验式学习是一种以学习者为中心，使其通过实践进行反思，从而获得知识和技能的学习方式。翻译课是一门实践性很强的课程，与体验式教学理念不谋而合。此外，体验式教学强调个体经验对学习的意义，特别关注对经验的总结和反思，而反思和总结恰好也是提高翻译技能必不可少的学习步骤。

在传统的翻译课堂教学中，教师需用较多的时间讲解翻译技巧，学生做翻译练习的时间较短。微课辅助的模式将技巧的讲解以视频教学的形式在课前布置给学生，教学内容高度凝练，符合当代大学生接收信息的习惯。这样使学生的翻译实践转移到课堂中，学生能有足够的时间体验翻译实践，在教师的指导下养成良好的翻译习惯。

（1）教学目标

翻译课程作为一门实践性较强的课程，其教学目标应结合翻译行业具体实践的要求。《翻译服务译文质量要求（GB/T 19682-2005）》就译文质量的基本要求、翻译译文中允许的变通、译文质量评定作出规定。教师应按照该要求，从规范性和灵活性两方面设置教学目标，以提高学生的翻译能力。

（2）教学内容

①规范性训练。规范性是评价译文质量的基本要求，规范性是指译文忠实原文，术语统一，数字表达、计量单位、符号、缩写、排版等方面保持一致。规范性训练是提高翻译能力的基础，在翻译学习的初始阶段尤为重要。在进行规范性训练时，教师应专注于教学目标，在翻译学习的初始阶段培养学生严谨、认真的工作态度。在此后的灵活性、专业性训练中，也应适时提醒学生保持一以贯之的态度。

独立翻译是翻译教学中最传统的操练模式，独立翻译能够比较真实地反映出学生实际的翻译水平。规范性训练中，教师应安排翻译练习，并在学生独立完成翻译练习后，归纳总结，及时发现学生的普遍性问题，并加以提示纠正。此外，根据学生遇到的特殊性问题，教师应给出有针对性的修改意见，如果有条件要为学生建立翻译档案，分门别类地列出学生在哪些方面需要改进，如正确使用词典、长句的组织、某种文体风格的把握等。

教师还可以在翻译练习前安排学生组成小组，共同讨论，保证准确理解原文的意义，理顺行文思路和逻辑，把握原文的风格。在小组讨论中，学生除了发表个人意见外，还可以听取小组成员的见解、取长补短，通过讨论了解自己的不足，也可以通过讨论证明自己观点的正确性，逐渐培养对自身翻译能力的自信。

规范性练习除了传统的句子和篇章等主观翻译练习，还应结合选择等形式的客观题，考查学生对诸如国际组织缩写、英文计量单位识别、英制与公制的转换等方面知识的掌握情况。教师要根据学生的知识水平，安排有针对性的练习。

②灵活性训练。灵活性主要指在语言输出方面，译文要准确表达原文的意义，还原原文的风格；译文的语法、搭配、语序、逻辑合乎译入语习惯，没有翻译腔；译文语篇连贯。

翻译初学者在实践中有时缺乏足够的灵活性。他们更倾向于用原文语言符号的所指意义甚至词典意义来表达原文，忽视搭配原则、忽视语境和交际场景的意义，无法做到脱离原文的语言形式，结果译文非常生硬。因此，教师在强调规范性的同时，要培养学生翻译的灵活性。训练中，教师一方面要结合微课的内容选择有针对性的翻译练习；另一方面要综合运用各种方法，帮助学生提高翻译的灵活性，尤其要强调译后审校的重要性。学生独立完成翻译练习后，教师要提示学生审校译文，检查译文是否忠实于原文，之后必须完全脱离原文进行第二遍审校。只有脱离原文，学生才能以读者的眼光去审视译文是否通顺，相对容易地发现译文中不通顺的表达。此后，通过对照参考译文，教师指导学生找到参考译文中的变通之处，分析、提炼变通的方法和思路，使学生能够比较清晰地了解自己的翻译水平，明确需要努力的方向。微课辅助的翻译课堂的优势是教师可以在学生的翻译实践中进行过程控制，学生进行独立翻译练习时，教师应给予学生个性化的翻译意见。学生各自独立完成翻译任务后，结成小组，进行文本对照和讨论。教师通过加入小组讨论，鼓励学生分享自己的译文，并对不同的表达进行充分讨论。学生通过讨论互相学习和借鉴，充分体验翻译的灵活性，并从不同的表达中做出取舍，辨别选词的细微差别，从而提高对语言的感知能力。

（3）教学步骤

①回顾教学视频内容。微课教学模式的本质是将知识和技能的讲述与实战操练位置互换。为确保学生课前认真完成视频学习，并进一步巩固学生对翻译理论和技巧的掌握，教师需在每一次课堂教学的开始阶段，利用提问等方式，检查学生作业完成的情况。此外，教师还应就教学视频中的重点、难点内容与学生进行讨论。通过翻译理论的探讨，教师一方面可以帮助学生提高对翻译这门学科的理解；另一方面还可以通过对学生的观察，反观自己所设计的微课是否有进一步提升的空间。

②结合教学视频内容，指导学生的翻译练习。微课辅助的翻译课堂中，教师要参与到学生的操练过程中，加入学生的小组讨论，就翻译练习中的难点对学生加以点拨。教师不应像传统的翻译教学一样，直接给出参考译文，而应给学生充分的讨论时间，鼓励学生主动思考，使学生联系微课视频中的知识和技巧，将其运用到翻译实践中。教师加入小组讨论时要掌控发言时间，鼓励小组中每个成员都积极发言，敏锐地观察学生的反应，尽量排除与翻译任务不相关的因素，指导学生以客观、专业的态度进行讨论。

教师应安排翻译模拟训练，模仿真实翻译工作坊，按照翻译行业的运作流程进行笔译练习。安排学生组成工作项目小组，分别担任项目经理、初稿译员、二稿译员、初稿审校和终稿审校，帮助他们了解真实的翻译项目流程。

③撰写课堂小结。课堂小结应从宏观和微观两个方面完成。宏观方面，学生需根据微课视频、小组讨论和翻译习作的内容总结提炼翻译技巧；微观方面，学生要总结具体的翻译案例，积累精当、简练的表达。

2. 微课辅助的翻译课堂教学对教师的要求

微课辅助的翻译课堂看似以学生自主学习为主，实际上对教师提出了更高的要求。一方面，需要教师合理安排操练内容和操练方式，因材施教；另一方面，需要教师提升自身的双语功底。具体来讲，教师要从翻译能力、翻译批评能力和翻译教学能力等方面不断提升自身的水平，才能在课堂上给学生及时的反馈和足够的支持。

（1）翻译能力

传统的翻译课堂上，教师在讲解翻译技巧后会布置翻译练习，给学生一段时间思考，随后讲解参考译文。而微课辅助的翻译课堂需要教师参与到学生的课堂讨论中，给予每个学生个性化的指导。本科阶段的英语专业学生在翻译学习的初级阶段会出现许多错误，如望文生义、语法错误、逐字翻译、漏译和误译等。教师只有自身对语言有较高的把握能力，才能一针见血地指出学生的问题，并对其加以指导。

（2）翻译批评能力

在传统的翻译课堂上，教师往往将参考译文奉为圭臬，给学生一种参考译文是“标准答案”的错觉。时代在进步，翻译也不是一成不变的，语言本身也有一定的弹性，以古典名著为例，许多东西方经典著作经过多次复译重新出版。名著尚且可以复译，翻译练习也绝不应该有标准答案。教师要鼓励学生充分发挥翻译的灵活性，鼓励多样化表达。这就需要教师有较强的翻译批评能力，给予译文多样化的、中肯的批评意见，能够对学生的译文准确地评判。教师应准确把握评判尺度，既不能全盘否定，也不能不加选择地全部接收。学生在翻译中常常出现神来之笔，教师不应拘泥于参考译文的条条框框，而应对其加以肯定。

（3）翻译教学能力

传统的翻译课堂上，教师由于课时等限制，只能给学生概括性的反馈，且许多教师习惯采取纠错式的教学方法，无法给学生正面的反馈。教师对学生译文的评判应遵循“纠错配合肯定”的原则，既指出缺点，也肯定优点。此外，教师需根据学生的特点，帮助学生制定学习计划，如有的学生对某种文体的翻译感到吃力，教师可以帮助他列出书单，增加高质量的语言输入，从而克服困难。

微课辅助的翻译课堂相比传统的课堂教学，效率有了很大的提升。一方面，学生通过体验式学习，对翻译的本质形成了更为深刻的认识，并在教师的指导下通过翻译实践不断提高自身的翻译能力；另一方面，教师应不断收集微课资源，提高制作微课的水平，不断摸索更加有效的课堂教学方法。教师本身要不断学习，提高知识水平、语言能力和翻译能力，给学生的翻译实践最好、最有效的支持。

（二）为微课学习构建平台

大学英语教学中微课教学主要是基于视频建构起来的，同时需要互动答疑、微练习等辅助的模块，这些在之前的英语微课教学的构成中有详细提及。这些模块的构建对于学生文化学习兴趣的提升、教师信息化应用能力的提高等都是十分有帮助的。在这之中，微慕课平台是一个较为创新的平台，即运用微课教学展现慕课教学的专业化与系统性。这一平台结构更为灵活、知识含量更高，是一个较好的平台。

（三）开发微课资源并共享资源

当前的大学英语教学中教学资源配置不平衡现象凸显，而微课教学的出现，使得教学资源可以通过互联网传送到各个地方，便于各个地方及时更新与推进，实现真正的资源共享。

（四）大力推进微课的录制技术

大学英语教学中微课教学要求录制技术较高，并且尽可能保证简单化，使教师便于执行，同时教师也要不断提升自身的录制技术。

另外，微课视频研发人员也应该不断对技术进行提升，追求卓越的技术，使得大学英语教学中微课教学的实施得到更大范围的推广。

第三节　大学英语多模态教学模式的创新实践

一、多模态听力教学实践

网络环境下多模态听力教学的构建，其中心内容主要包括听力教学中的四个环节的模态转换。

（一）准备环节

在介绍听力背景时，教师应多使用一些图片并制作有趣的幻灯片，从而最大限度地激发学生的学习兴趣。此外，还可以通过使用图片等相关方式来向学生介绍与听力材料有关的单词，让学生学会阅读图片和说单词，以达到通过多媒体实现学生与教师互动的目的。

（二）呈现环节

这一环节主要是为了获取信息和构建意义，该环节主要涉及模态之间的相互协作。首先，要说的就是视觉模态，也就是教师通过使用不同的颜色、亮度、字体等，将一些与听力材料相关的图像中的关键信息凸显出来；其次，教师还可以利用文本来向学生展示一些具体信息，最大限度地减少具体信息的丢失；最后，就是听觉模态，主要是学生与学生之间在进行信息传递的过程中，通过改变各自的音调、语速等来进行配合。

在以上这两种模态当中，主模态是听觉模态，而视觉模态则主要是起到了强化听觉模态的作用，也就是通过视觉模态，让听觉模态能够更加清晰和准确地表达出来。文本信息则主要是为了防止学习者出现听觉缺失或者没有完全接收信息的情况，起到了对听觉信息进行补充的作用。

（三）练习环节

在练习环节，学生可以将听说与听写、听力理解与听力练习相结合，对短期记忆信息进行重组和编码。多模态教学可以将学生的各个感官充分调动起来。

（四）评估环节

该环节主要是通过记录和联系的方式，对学生理解信息的程度进行评估，我们都知道，大脑的短时记忆能够帮助学习者去理解自己听到的内容，除此以外，另外一个帮助理解的方式还有笔记，它也能有效实现学习者对所听内容的再认知。学习者对所听内容的理解程度，决定着他所记笔记质量的高低。

二、多模态口语教学实践

从某种程度上来看的话，受口语课中的口语交流过程的影响，在口语课堂上，本身就会出现听觉模态和视觉模态之间的相互转换。比如，从听觉模态的角度来看，师生双方都有发言权，而作为口语交际实践的主体，学生则比教师的发言机会要多一些；从视觉模态的角度来看，教师则可以通过借助黑板，或者制作一些具有吸引力的幻灯片，以及搜集一些相关影视作品等方式来对口语主题、文化背景和单词句型等进行展示。口语英语课堂是视觉和听觉模态之间的替代。因此，在多模式口语教学中，要注意加强模式之间的合作关系。

三、多模态阅读教学实践

（一）阅读教学内容的多模态化

多模态的阅读教学具有传统阅读教学不可比拟的教学功能。教师在明确教学目标的前提下，运用信息技术辅助、整合网络资源，可设计与课堂教学内容同步的多模态语篇材料。在教学环节设计中，可利用交互式电子白板互动的功能实现多模态教学，培养学生从图片、表格、文本、符号以及视频等语言系统中获取信息的能力。例如，使用聚光灯增加课堂的趣味性；使用拖拉匹配功能实现增强多模态的记忆性；使用批注描红逐步引导学生关注篇章的隐形逻辑或者显性结构，从而直观地把握语篇脉络、掌握语言信息、增加语篇的分析深度等。基于多模态话语理论的指导，教师可充分利用语音可视化的方法辅助模仿朗读训练，切实地提高学生的语音模仿能力。

（二）阅读教学活动的多模态化

基于模态话语建构，教师运用多模态教学法将含有交互式电子白板、图片、音频、微视频、模仿朗读和角色扮演等的多模态资源融入阅读课堂教学。以教学活动为节点，分析多模态教学法在阅读教学中的实践运用，可以激发学生学习的兴趣和欲望。通过使用聚光灯的拖放、开幕等动作，持续增强视觉刺激，帮助学生在高度聚焦过程中，建立起新知识与已有知识的联系。例如，在戏剧节选的阅读课上，经典的剧目既传达了西方人文知识的精髓，也以其地道的表达成为英语学习的范本；然而节选片段因为内容有删减，并且未交代前因后果，所以容易造成学生的不理解，甚至引起观念偏差。教师首先要以图形、声音、移动的画面以及音乐场景等结合的多模态话语视频，展示故事情节，使所交流的信息易于被听话者理解和接受。学生在利用视觉、听觉以及笔记等多模态结合理解基础上，依次回答教师的问题，通过多模态的建构，把握情节的脉络。讲解过程中，教师运用交互式电子白板的批注描红功能，能促使静默的自我阅读转化成直观可视化的集体寻读，从视觉的演绎，到动态符号化的解读教学，交互式的阅读教学可以给师生互动提供更短距离的黏合点。伴随着学生多元读写能力的提高，教师在课堂上演绎着知识的推理过程，从品读问题到找寻线索，从推理答案到修正错误，促进着理解与思考。这种多模态的阅读方式，带有鲜活的特性，让阅读课变得更加生动直观。同时，结合音频插入以及教师手势，此环节很好地避免了学生注意力涣散、知识点缺漏等问题。有时结合电子手段展现思维导图，运用思维导图寻找事情的前因后果、脉络的形成与发展，能给学生留下更清晰和直观的印象。而结合电子白板的拖拽功能，能够让阅读的课堂动起来，从听觉、视觉到触觉、动觉等模态都有机整合，营造了多模态可视化的教学过程与学习环境，活跃课堂的气氛，促进学生语言技能的综合发展。

（三）阅读评价的多模态化

学生根据教师给出的指导性评价表，对同学情节的表达、感情的叙述、创造性的表现等多角度进行评分，同时引入学生投票的竞争机制，增强学生的集体荣誉感和团队协作精神。在课后作业中，教师让学生编写并细节化剧本，排练录制出片段供同学间相互学习与观摩。在此过程中，学校也大力支持与关注评价后的成果汇演，学生排练生成的片段，于全校进行公演，此评价的多模态化，替换了原有僵化的单一评价方式，实现了“以评促学”的教学目标。

综上所述，多模态阅读教学作为一种新的阅读教学形式，教师在课前应充分考虑信息技术应用节点，避免本末倒置。教师通过利用多模态资源或者运用多模态教法预评价，激发学生的思维，同时渗透文化品质，在丰富学生多感官体验的基础上，帮助其树立正确的世界观、人生观和价值观，从而更好地促进他们英语学科素养的提升。教学过程中要敢于实践新的理论与理念，不断地总结教学经验，才能取得较好的成绩。

四、多模态写作教学实践

（一）多种模态导入写作创设语境

教师根据课堂主题和作文体裁，选择适当的课堂内容导入形式，搭配不同的模态创设语境，给学生营造一种轻松愉悦的课堂氛围，自然地融入课堂主题中。

（二）组织课堂活动情境再现

运用多种模态进行语境的创设后，学生虽然已经初步了解本节课内容大致是哪些方面，但是对课堂主题内容仍不明确，且单是教师导入的多种模态，学生作为接收者，并没有发挥自己的主观能动性和积极性。因此，还需要教师组织适当的课堂活动。学生在积极参与的过程中，主观能动性得到充分的调动，同时，课堂主题进一步明确，有利于后面教学步骤的进行。

以上两个步骤属于写前阶段的情境导入，能够帮助学生顺利进入真实情境、唤起情感的共鸣、提高学习的兴趣。同时，真实感受情境可以使学生快速回忆起大脑中已有的知识，并与本节课主题产生联系，利于课堂环节的顺利进行。

（三）幻灯片呈现写作策略

进行情境导入和课堂活动之后，学生的积极性和相关知识已经被唤醒，脑海里已经浮现出相关的内容。此时，教师要做的就是给学生提供与写作策略相关的知识，让学生明白写好一篇英语作文的关键要素有哪些。例如，作文主题相关词汇的储备、文章主题思想的确定、梳理清楚文章的写作思路、优秀语句的仿写等，帮助学生在作文写作前做好充分的准备。

（四）借助导图框定文章结构

在学生对作文的相关内容和文章的框架结构了解以后，可以对学生进行文章结构的强化，教师可以采用导图形式进行重点内容的再强化，一方面可以帮助学生加深对文章结构的理解，另一方面对已学知识进行再强化。导图中的内容是与作文主题相关的内容。同时，在学生已经理解并掌握了相关知识的情况下，教师可以安排学生完成一项写作任务，主题就是本节课训练的主题。学生在教师提供的素材的基础上进行构思，如文章的结构和段落怎样安排、文章的立意等方面，并在自己的草稿纸上列出大致框架，然后进行文章的写作。学生在列提纲的时候，教师可以留心观察哪些学生遇到了困难并及时给予帮助。

（五）学生作品的评价反馈

学生独立完成初稿之后，需要对学生的作文进行评价与反馈，在此之前，教师可以采取生生互改或教师批改的形式，帮助学生找出文章中的错误和闪光点，并做相应标记和记录。

具体的评价方式如下：学生分小组进行讨论，主要围绕的主题是内容切题、词汇正误、语法、语句以及文章结构等，如果遇到不能确定的情况可以先做上标记，课后向教师请教。在进行学生错误展示时，可以使用投影的形式，教师对学生作文实时批改，学生可以同时看到，可以取得使学生吸取教训、加深印象的效果。

在最后的评价过程中，作文的评价经历了三个环节，即学生自评、小组互评和教师评价。其中教师给学生的评价在幻灯片上呈现，对于小组互评选出来的作文可以通过投影的形式直接将学生的原作文呈现在荧幕上，将重点易错部分着重标红。教师在进行评价时要注意给学生一定的肯定，对于学生作文中需要注意的地方提出意见并提供修改方向，学生在拿到教师的意见之后进行修改。

第五章　未来大学英语教学模式发展的趋势与展望

本章为未来大学英语教学模式发展的趋势与展望，主要介绍了两个方面的内容，分别是大学英语教学模式的社会化与个性化、“金课”建设对大学英语教学模式提出的新要求。

第一节　大学英语教学模式的社会化与个性化

一、社会需求与专门用途英语教学

一个语言的教学课程设计必须体现国家总体的教育政策，反映国家对该语言使用情况和社会不同层面对语言的需求，反映一个国家和地区的教学大纲设计安排，否则这个教学课程设计将会失去意义。高校培养的人才应具有较强的行业针对性和经济地区性，因而英语课程设置必须针对行业，并适应其辐射范围内的经济结构，表现出较强的地方特色。例如，从社会需求来看，由于海西建设的发展，福建地区的人才需求层次呈现出细分趋势，除对高级复合型人才继续保持强劲的需求外，对中低层次人才的要求也正在发生着变化，其中对在岗人员英语技能的要求因岗位的不同变得更为具体。

我国教育部颁发文件提出积极推动使用英语等外语进行教学，强调要在国际性相对强的六个专业（金融、国贸、法学、信息技术、生物工程和新材料）率先实行双语教学。而目前的普通用途英语与双语教学之间存在鸿沟，学习者现有的英语水平尚未达到双语的要求，学习者很难立即适应从普通英语教学到双语教学的转变，因此需要一个过渡性的教学环节——专门用途英语，来促进普通英语教学向双语教学的顺利过渡。

基于专门用途英语丰富的内涵、实际运用性的特征及当代经济全球化的时代背景，它的价值也逐渐在职场中得到体现，被各种单位和企业认可。由于高校在专门用途英语教学上的空白，社会上各种各样的“职业英语培训”机构应运而生，以博思为代表的职业英语测试，被各类人士狂热地追捧，被很多用人单位认可。因为此项测试服务特别为公司和组织机构提供了一种与工作紧密相关的、快速且实用可信的语言测评服务。目前已在意大利、法国、德国、俄罗斯、阿根廷、土耳其、巴西、日本、韩国、越南、印度尼西亚等100多个非英语国家和地区的公司和政府机构中被广泛使用，是公司领导者及人力资源部和培训发展部经理最信赖的一种语言测试工具。据不完全统计，目前我国已有60多家像飞利浦、西门子、汇丰银行、阿迪达斯、沃尔沃、宝洁、高露洁、诺基亚等全球知名外资企业把专门用途英语考试（如托业、托业桥、商务英语考试）作为公司招聘、培训等环节的语言测试工具，并且其测试结果对薪酬的高低有着很大的影响。其中，托业考试就被耐克、宝洁、箭牌、百事食品、可口可乐、李宁、中国银行、国家电网、中海油、联想、东方航空、南方航空、IBM、微软、西门子、索尼爱立信、摩托罗拉、LG、日立、海尔、东芝、海信、松下、三菱、美的等认可并作为任职标准和公开招聘信息中的要求。专门用途英语还被列入公务员外语考评和招录的必备项目。国家人事部考试中心早就在全国13个省、市共同举办专门用途英语个人综合化考试，使之成为与职称外语考试同等待遇的官方认可考试。可以看出我国人力市场和社会各部门对专门用途英语的认可度。据考试中心的问卷调查，用人单位和考生普遍认为专门用途英语考试实用性很强，与工作环境紧密相关，具有很强的职业性，超过一半的考生出于提高职场竞争力、给自己增添求职砝码的目的，积极踊跃地参加各种职业英语培训班和职业英语考试。当前社会对各类专门用途英语考试证书的热捧大有超过大学英语四、六级证书的趋势。专门用途英语已成为职场炙手可热的工作必需品，成为显示新一代职场人自信和能力的东西。

（一）专门用途英语教学

1. 专门用途英语教学的必要性

2001年我国加入世贸组织后，对外交流已经扩大到了整个世界，扩大到科技经济的各个领域。随着外国人直接到我国进行各种投资旅游，以及我国科技、企业和文化走出国门，各行各业对复合型人才，即既精通专业业务又有较强的外语能力的人才的需求越来越大。社会对外语能力的需要已呈多元化、专业化趋势，如学商务管理的毕业后能直接用英语参加商贸谈判，做新闻的能够直接用英语采访，当律师的能用英语出席法庭，当技术员的能用英语和外国同行交流，一般的外语技能已很难适应市场需要。外语的工具性和应用性特征日益明显。学生学习外语较之过去表现出极强的目的性和实用性，为了进入国际大公司，或出国深造等。可以这样说，专门用途英语教学比以往任何时候都更迫切了。当今世界，英语在国际政治、经济商贸、科技交流等各个领域的普及程度越来越高，据统计，国际上 85% 以上的学术论文是用英语发表或宣读的，各学科的主要学术期刊也以英语为主。因此，大学英语教学应当考虑对学生的文化素质培养和国际文化知识的传授，但和培养外语工作者的英语专业不同，大学英语首先是工具性，即是获取信息的工具和国际交往的工具，因此主要是语言实际应用能力或工作能力的培养。

把普通英语放到中学去完成，大学实施和专业学习、工作有关的英语教学应该是我国大学英语教学发展的方向。现在我国懂英语的人很多，每年拿到大学英语四级合格证书的人有几百万，但能熟练使用英语的工程技术人才却不多。机械、化学、生物、金融、电子、通信、IT 等行业的专业外语人才非常紧缺。企业感叹找到符合企业要求的人很难。张炳阳在《今天，我们需要什么样的外语人才》一文中提出，目前绝大多数 IT 行业实行软件外包，外语成为项目开发过程中的关键性因素之一[①]。从事这些项目的技术人员仅靠三五百个计算机应用词汇是不足以读懂计算机科技类文章的，因此，外语水平的高低成为从业人员发展前景的决定因素。换句话说，我国大学英语教学必须改变目前的培养模式，从一般英语技能的培养转变到专门用途英语教学上来，帮助学生将英语作为工具，在专业学习和工作上做好语言准备。

英语教学大纲明确了专业英语的地位：“专业英语是大学英语教学的重要组成部分，是促进学生完成从学习过渡到实际应用的有效途径。各校均应在三、四年级开设专业英语课，要逐步建立起一支相对稳定的专业英语教学队伍，成立由学校领导和专业英语教师组成的专业英语教学指导小组，统筹、协调、检查专业英语教学方面的工作。”并具体规定“专业英语为必修课，可安排在第五至第七学期，教学时数应不少于 100 学时，每周 2 学时。在第八学期还可继续安排专业英语文献阅读、专业英语资料翻译、英文摘要写作等”。修订后的《大学英语课程教学要求》应预测未来社会需求，把专业英语再向前推进一步，但其指导思想仍然是加强普通英语教学。

① 张炳阳．今天，我们需要什么样的外语人才 [J]. 基础教育外语教学研究 .2007 (4)：4—5.

2. 设置专门用途英语的意义

设置专门用途英语符合人们学习英语目的由单一性向多样性发展的现实需要，学习英语与职业相关的多种需求联系密切，大学英语教学培养适应职业需求的使命越发突出。专门用途英语不是教一种“特殊种类”的英语，而是有其特殊的语言特性，但不存在特殊的语言种类。专门用途英语与普通用途英语之间的共性大于特殊性。从教学基本原则看，专门用途英语教学与普通用途英语教学没有本质的区别，虽然在教学内容上有差异，但教学的过程是相同的。两者之间的区别在于语言学习者对语言学习的需求有所不同，专门用途英语教学关心的核心问题是学习者学习语言的动机。结合需求分析，专门用途英语的分类方法有二分法和三分法。专门用途英语可分为科技英语、商贸英语和社科英语（三分法），每个分支又可再次分为职业英语和学术英语两个次分支。专门用途英语也可分为职业英语和学术英语两个大分支（二分法），而学术英语又再次分为专门类学术英语和一般类学术英语。三分法的划分以学科门类为主线；二分法划分以学习者的语言使用目的和语言环境为主线。专门用途英语具有真实预料性、目的方向性和自我学习为中心等特点。

3. 大学英语与专门用途英语的有效结合

那么，大学英语教学是否可以选择只保留专门用途英语，而取消基础英语呢？回答是否定的。原因如下：第一，学生英语能力基础普遍较弱，只学专门用途英语，不学基础英语，专门用途英语就会成为无源之水、无本之木；第二，即便在职场环境下，日常话题的交流与沟通也是经常会遇到的，而这样的日常交际需要以基本的语言技能为基础；第三，只学专门用途英语，也与当今社会终身学习的理念相违背，不利于学生的可持续发展。

大学英语教学的核心是“能力本位”，强调与职业相匹配的英语应用能力的培养。大学英语和专门用途英语作为英语学习的两个阶段是密不可分的有机统一体，不能“各自为阵”，而应将两者有效结合，顺利实现大学英语向专门用途英语阶段平稳过渡。因此，英语教学应保持英语学科的稳定性：一方面加强大学英语的教学，学好语言基本功；另一方面充分认识到各专业学科的特点，加强专门用途英语教学，提高专业领域的工作能力。

（1）继续普通用途英语教学，夯实语言基础

学生经过初中和高中阶段的英语学习已经掌握了基本的语音知识和语法知识，具备了一定的词汇量，有初步的英语听、说、读、写、译的能力。为夯实英语语言基础，学校可根据具体情况在大学一年级继续进行普通用途英语教学，加

强学生的英语语言基础知识和基本技能的训练，同时使用有效的教学手段，着重培养学生实际使用英语进行交际的能力，使其能使用英语以及交际策略进行涉外日常生活和业务交际活动。尽量帮助学生摆脱“聋哑英语”，使学生的英语基础技能通过课内外的各种教学活动得到提升，知识得到积累。

（2）加强专业用途英语教学，满足人才需求

为确保普通用途英语与专业用途英语教学的连续性和一致性，学校必须高度重视并完善普通用途英语和专业用途英语的管理规范，成立专门的教学指导机构来负责普通用途英语与专业用途英语教学资源的调配，切实优化教师队伍、加强教材建设和教学管理，通过组织普通用途英语和专业用途英语教师开展听课评课、教学研讨、学术交流、项目合作等，促进他们在教学、科研等方面进行富有成效的合作。由于专业用途英语课程带有明显的专业特征，英语只是呈现教学内容的工具，所以不应过分强调英语的作用，使专业用途英语课程变成翻译课；而要充分考虑学生需求与市场需求之间的关系，突出教学内容服务于所要解决的职业领域问题。专业用途英语教学形式与普通用途英语不同，教与学都有一定的难度，因此应采用小班教学和任务式教学的方式，增加师生之间、学生之间的互动，以保证专业用途英语课程的教学效果。教师要善于通过普通用途英语和专业用途英语的用词、结构和文体等特征的比较，注重训练学生把在普通用途英语阶段学到的知识和能力在专业领域中得到应用和提升，促进学生完成从语言学习到实际应用的过渡。专业用途英语教材选择要转变大而全的指导思想，要朝着专、精、实的方向发展，使教材体现职业性的特点，既要注意和专业知识的衔接，又要注重与普通用途英语的衔接。鉴于各高校的专业设置的差异，很难开发出与普通用途英语一样的通用教材，所以专业用途英语教材应主要由各高职院校根据各自所设专业、生源情况及周课时数，自编或合编教材，这样编写的教材更贴近专业，贴近学生实际情况，更能培养学生的英语应用能力。

为给专业用途英语教师的成长和发展创造条件，各高校应加大教师培训的力度，鉴于目前高校已拥有优秀的英语教师队伍和专业课教师队伍，可以加强两支队伍的业务合作，组建跨系、跨专业的专业用途英语教研室，实行合作教学或结成教学对子，实现优势互补，以服务于专业用途英语教学。另外，也可以通过对教师结构进行合理的调整，有计划、有步骤地培训两类教师，使他们能够胜任专业用途英语教学。一方面加大对专业教师的语言培训力度，使他们真正达到英语听、说、读、写、译的要求；另一方面加强英语教师的专业知识培训，提高其专业知识水平。同时，也可以聘请企业人士到校任教，发挥他们的职业优势。

（二）需求分析理论在我国高校专门用途英语教学活动中的重要性

需求分析是专门用途英语教学研究的基础，影响着教学目标及教学方法，是教学大纲制定及教材设置的前提。需求分析最早出现在专门用途英语教学发展的第三阶段——目标情境分析阶段。在这个阶段，专门用途英语课程的设计首先放在对学习者目标环境的分析，将语言分析与学习者的学习目的紧密联系在一起，以满足不同学习者的不同需要。到第五阶段即以学习为中心阶段，需求分析在专门用途英语教学中的作用已经无可替代，需求分析成为专门用途英语的基石，使专门用途英语教学内容变得紧凑、紧扣重点。

国内许多专家认为大学英语课程设置及教学的重心应逐渐向专门用途英语教学方向转移，专门用途英语教学成为目前大学英语教学改革不可回避的重要探讨问题。研究专门用途英语发展问题，必须认真研究其基础性的原理问题。专门用途英语教学研究者必须重视需求分析对专门用途英语教学发展的重要影响。

国外专家比较一致的看法是仔细全面的需求分析应该包括目前情境分析和目标情境分析。目前情境是指学习者开始专门用途英语课程学习前，原有的语言程度和对下一阶段学习的要求和期待，它包括学习者目前的外语水平、专业知识、学习动机和以前的学习方式等。目标情境是指学习者未来工作的环境对学习者的要求以及学习者对待这种需求所持的态度。

1．需求分析对课程设计的重要意义

需求分析是系统化的教学大纲建设中不可缺少的一环。需求被确定下来，教学目标也就随之确定下来。它可以作为考试、教材选择、教学活动和评价策略的基础，也可以被用于二次评价需求分析的精确度和正确性。合理的需求分析是系统化的语言课程大纲设计中诸多方面有效进行的基础，对深入探讨大纲创造了良好开端。需求分析还是区分专业用途英语和普通用途英语的一个标准，国内的专门用途英语专业分类很多，有商务英语专业、旅游英语专业、法律英语专业、涉外秘书英语专业、外贸英语专业等。针对不同的学习对象，需求分析显得尤为重要。

需求分析对我国外语学习的重要作用，共有四点：①为制定外语教育政策和设置外语课程提供依据；②为外语课程的内容、设计和实施提供依据；③为外语教学目标和教学方法的确定提供依据；④为现有外语课程的检查和评价提供参考。

2．需求分析有助于教师改进教学方法

需求分析除了对课程设计具有重要意义，它对于教师改进教学方法、提高教学效果也有重要意义。需求分析的关键是要找出学习者现有的语言能力和某一专业知识水平与他们所期望达到程度之间的距离，以使教师能将精力投放在最需要重视的方面。外语课堂上有不少问题源于教师对学习者的兴趣和需求关注不够，他们没有意识到学习者应是他们搜集信息的重要来源。需求分析可以使教师对于课程最终所要实现的目标有一个清晰的印象，而对于教学目标的清晰把握可以使教师消除教学中的盲目性，提高教学效率。

3. 需求分析有助于提高学习者的学习积极性

使专门用途英语真正有别于普通用途英语的关键在于，一方面，专门用途英语的需求是为教师和学习者所共同意识到的，是可以明确罗列出来的，而且他们的这种意识会直接影响到整个教学过程；另一方面，通过需求分析，学习者也会因回答需求分析的各种问题而对自己的学习目的有一个逐步清晰的过程，而帮助学习者认清学习目标可以使他们最大可能地参与到教学过程中，参与到课程安排、教材选编和课堂教学的互相配合中，从而调动起学习者学习的兴趣和积极性。随着学习者越来越多地参与到课程中，他们对课程的态度和学习方法也会不断变化，学习效果也会不断提高。

二、个性化与大学英语教学

“个性化”在大学英语教学改革中是大家都很熟悉的术语，但学界对此的理解并不相同。《大学英语课程教学要求（试行）》（以下简称《教学要求》）中提出了大学英语课程设置“要有利于学生个性化的学习”，充分考虑到“学生入学水平以及所面临的社会需求等不尽相同”，要“制订科学、系统、个性化的大学英语教学大纲”“朝着个性化和自主学习的方向发展”，能够“使学生选择适合自己需要的材料和方法进行学习”。这些提法的核心思想是“个性化地学习，以满足学生各自不同专业的发展需要”，满足不同层次学生的需求。但在改革实践中，很多人将个性化教学理解为推动学生自主学习，实际上二者不能等同。

有学者曾指出大学课程设置应当个性化，这里所说的个性化是指各个学校根据自己学校的办学定位和专业特点来决定大学英语的课程性质、学时和课程体系的设置，避免千校一面。这种个性化实际上是一种满足社会化需求的变相说法。在大学英语教学内容上是实行通用英语还是根据办学定位和专业特点来实行专业用途英语教学，个性化是其论辩的理据之一。

《教学要求》中的个性化可以诠释为基于建构主义的学习方式，即个性化意味着学习者在自己的思维中建构知识。推行这一学习方法的一个重要结果是有必要创建对个人有意义的学习环境和学习材料，学习者应当建构自己的学习空间。

人们谈论个性化教学，实际上是从三个层面上进行的。《大学英语教学指南》是在宏观层面，课程设置在中观层面，课堂在微观层面。微观层面上的个性化教学是以学生为主体，重视学生的学习体验和学习风格。对个性化教学重点强调“适应”，教学要适应学生，一切的教学条件要适应学生。个性化教学要求教师创设能够引导学生主动参与的教育环境，提供不同层次、不同类型的知识，允许学生根据自己的能力、兴趣和需要进行选择。个性化教学成为大学英语教学改革实践中出现的“分层教学”“分级教学”的重要理据之一。

如果说学生是英语教育的主体，那么教师的积极支持就是开展大学生英语教育的重要条件。高校要为有创新需求的大学生组建一支具有较高科技水平和专业技术，且拥有丰富实践经验的教师队伍。如果学校有校外合作的企业，也可以邀请企业的技术专家来为学生提供一些实践性更强的专业指导。不断壮大师资队伍的建设，在拓宽现有教师创新思维的基础上，大力引进年轻优秀的教师，保证教师队伍的先进性。

此外，高校必须确保大学教师的指导作用可以得到充分的发挥。只有具有高水平的教师，培育出来的学生才能有更高的水平。如果在大学生英语教育活动中没有教师进行指导，那么要想使活动顺利进行就显得十分困难了。

大学生英语教育要想做到起点高、获得的英语教育成果水平高，就要做到活动中的每个环节都经过专业教师的指导和把关。也就是说，大学英语教育队伍必须以学生为主体、以教师为主导。在培养过程中，要做到使普通学生的受惠面积不断扩大，同时也要培养一批骨干分子，充分发挥骨干分子的带头作用和示范作用。

在隐性课程中，教师的任务不再是教书，而是通过自己的职业道德和素养，使学生形成良好的学风。同时，教师对教育事业的责任感以及对学生的关爱也是隐性课程中非常重要的教育元素。因此，教师除了向学生传授知识，还要注重对学生英语兴趣的培养。

大学英语教育活动的本质是创造性解决问题的方法和不断探索的精神，它要求学生可以主动地去求知、主动地去参与、主动地去探索，同时还要培养团队意识和合作精神，最主要的就是在不断解决问题的过程中，使学生的应变素质、创新意识、创造能力得到进一步的培养和提高。

第二节　“金课”建设对大学英语教学模式提出的新要求

一、“金课”建设的时代背景

近年来，我国掀起了教育改革的热潮，许多学校都根据其自身特点，进行了一定程度的教育改革。也正因如此，涌现出了大量比较新颖的英语写作教学方法和教学理念，教育制度也随之不断发生着变化。只有对学校自身具有的资源条件进行充分、有效地利用，学校教育才能够得到更好的发展。从目前的情况来看，全国各地的学校强化英语教学的主要方式就是对学生思辨能力进行建设。只有能够有效应用到实际教学当中，思辨能力体系才算得上是比较完整和成熟的，才能够解决英语写作课程中遇到的一系列问题。反之，则有可能会将教学工作复杂化，甚至会给教师和学生带来很大的困扰。

随着社会的不断发展，计算机、互联网也得到了飞速发展，人们的观念也发生了很大的改变，开始摒弃以往传统的、枯燥的教学方式，更加注重学生能力的培养，使学生的英语知识更加丰厚，英语学习方面的整体素质也得到了很大的提高。可以说，学生英语能力的提升和思辨能力的培养是相互促进、相互补充的。

课程是人才培养的核心要素。高校要培养“一精多会”“一专多能”的国际化复合型人才，也就是要培养精通一门外语、会用多门外语沟通交流、掌握一种专业、具有多种外语能力的复合型人才。大学生英语能力培养是人才培养中不可或缺的一个部分，建设大学英语“金课”迫在眉睫。要做到这点，首先要淘汰“水课”，打造“金课”。什么叫“水课”？“水课”就是不负责任的、低阶性的、陈旧性的、不用心的课。而“金课”的标准为高阶性、创新性、挑战度。

二、大学英语“金课”建设的内涵

2018 年教育部高等教育司司长吴岩在解读“金课”时提出了“两性一度”的概念，即高阶性、创新性和挑战度。所谓“高阶性”，是培养学生解决复杂问题的综合能力和高级思维，课程教学不是简单的知识传授，是知识、能力、素质的结合，且不只是简单的知识、能力、素质的结合；所谓“创新性”，是指课程内容具有前沿性和时代性，教学形式体现先进性和互动性，学习结果具有探究性和个性化；所谓“挑战度”，则指课程要有一定难度，需要学生和教师一起，跳一跳才能够得着，教师要认真花时间花精力花情感备课讲课，学生课上课下要有较多的学习时间和思考做保障。

至于大学英语“金课”的内涵或标准，外语界并未达成共识，有的聚焦于显著提升大学生的英语水平，有的侧重于有效增强大学生的跨文化交际能力。有学者认为，提高学生用英语从事专业学习和科研的能力才是公共英语的终极目标；也有学者认为，大学的学术性、英语的语言性、金课的学习性是大学英语“金课”的基本内涵。

结合新出版的《大学英语教学指南（2020版）》，作者认为大学英语“金课”建设应体现以下内涵：在“高阶性”方面，要有效增强学生英语应用能力、跨文化交际意识和交际能力以及自主学习能力，显著提升学生综合文化素养、培育人文精神、培养思辨能力；在“创新性”方面，要立足通用英语、专门用途英语、跨文化交际的课程教学，及时反映世界科技新进展，吸收人类文明优秀成果，培养具有前瞻思维、国际眼光的高端人才，要大力推进现代教育技术与教学的深度融合，并形成以教师引导和启发、学生积极主动参与为主要特征的教学常态；在“挑战度”方面，要科学“增负”，引导学生加大对学习的投入，扎实开展形成性评价，严格课程考核，增强学生经过刻苦学习后能力、意识、素质得到提高的获得感和成就感。

三、大学英语“金课”建设对教学模式提出的要求

（一）教学导向

应试教育或者应试教学，一直是批判中学阶段教育教学的词汇，似乎与大学关联不大，但这些字眼始终未和大学英语断过联系。以往广大高校英语教学基本指向的是大学英语四、六级考试，具体体现在大学英语的课程设置、教学内容、考试设计等都围绕大学英语四、六级考试进行。此外，很多高校还将大学英语四、六级考试成绩与学生的学历学位以及评奖、评优、保研等资格直接挂钩（这种情况目前已得到很大程度扭转）。但近年来随着很多高校高水平大学建设的不断深入以及“双一流”建设和“双万”计划的实施，不少高校要求大学英语教学院系在不断提高学生大学英语四、六级考试成绩的同时，还要提升学生在考研英语、托福、雅思等考试中的表现，在进行大学英语教学之外还要开设大学英语四、六级以及考研英语、托福、雅思等考试的全校公选课或后续课程。客观上说，充分发挥考试对教学的促进作用无疑非常正确而且十分必要，但在实际操作中不少走

了样。教学中融入应试元素，其实和吴岩所说的“培养学生解决复杂问题的综合能力和高级思维”并不存在根本冲突，但一直以来大学英语教学强调的是听力、阅读、词汇、语法等方面的语言知识训练，忽视了写作和口语的训练，更不必说专门用途英语、跨文化交际等方面。以写作和口语训练为例，听力、阅读等训练是输入训练，基本以知识传授为主；而写作和口语训练是输出训练，在很大程度上是真正建立在“解决复杂问题的综合能力和高级思维”基础之上的能力训练，是学生在未来学习、工作和社会生活中需要具备的重要能力。以口语为例，目前虽然广大高校以及教师在大学英语教学中加强了口语教学，大学英语四、六级考试中也增加了口语考试，但学生的口语能力、口语训练意识以及对口语的重视程度始终不高，口试报名情况一直不太乐观，在大学英语期末考试中自主设置口语考试的学校更是少之又少。学校、教师、学生、社会等看重的仍然是大学英语四、六级笔试以及考研英语、大学英语期末考试等成绩，只有打算出国留学要考托福、雅思等以及英语口语基础较好的学生才重视口语练习和口语交际能力的提升。

（二）教学过程

众所周知，语言教学特别是外语教学强调小班授课、师生互动、充分操练等，这样教学效果才能得到保证。但现实却是，广大高校英语课程基本都是大班教学，少则四五十人，多则七八十人甚至更多，大学英语公选课程就更是没有限制。这是我国大学英语教学一直以来存在的一个普遍状况，一方面是不得已而为之，另一方面是没有足够重视，因此产生了不少问题。比如，学生缺少口语练习和课堂展示机会，不利于培养师生情感，难以建立良好的师生关系；不利于因材施教，导致学生学习兴趣下降，助推厌学甚至逃课行为的发生。在这样的条件下，“培养学生去探究，能够把学生的个性特点发挥出来”的教学面临着重重困难，“培养学生解决复杂问题的综合能力和高级思维”的空间比较有限。需要承认的是，大学物理、数学等课程也会面对大班教学的挑战，但相比之下像大学英语这样的语言课程大班教学产生的负面影响更大。

另外，大学英语课时多、周期长也是影响大学英语“金课”建设的一个重要因素。表面上看，这一点似乎能对上述大班教学产生的问题进行一定程度弥补：长期的接触和交流有利于增加师生互动，建立师生情感。但是课时多意味着教师可能疲于奔命，忙于备课上课、检查练习、批阅作业；周期长意味着教师必须绞尽脑汁进行教学设计，让学生在每一节课都能有不一样的收获，这些都不是轻轻松松就能完成的。现在虽然很多高校开始或者已经减少了大学英语课时学分和学习时长，但总体还是维持在一个较高水平。大学英语教师每周 12 至 16 节课的情况比较普遍，在很多高校人才培养方案中大学英语课程开设三至四个学期也仍是常态，因此教师教学压力始终不轻。但让很多大学英语教师更有苦难言的是，自身额定教学工作量要求一直居高不下，同时在年终教学工作量计算时大学英语课程作为公共基础课并不能得到和专业课同等的待遇，往往在课时计算上被打了折扣。一些大学英语教师认为，大学英语是实打实上出来的，没有指导学生毕业论文、实习实践、创新创业训练等同样可以折算和增加课时的机会，同时还要面对其他很多课程没有的如大学英语四、六级考试等额外压力，因此其教学热情受到影响。

（三）教学评价

教学评价主要包括两方面：一方面是教师对学生的评价；另一方面是学生对教师的评价。前者主要指教师对学生的学期评估，最终以学期成绩体现，后者主要指学生对教师的学期评教，两者看似相互独立，其实有一定内在关联。建设“金课”，提高课程“挑战度”，无疑要求教师提高课程的学期考试难度，加大课堂练习、平时作业的难度以及任务量，而这实施起来也会有不小阻力，特别是提高课程的学期考试难度。不少教师即使平时教学严格，期末考试时也会陷入非常纠结的境地。倘若学生卷面成绩不高，很可能用平时成绩来凑，拉高学生平时成绩，提升学期最终成绩。这种情况虽然在广大教师中不占多数，但绝对存在。如此“取悦”学生，一方面是出于对学生的错误关怀，另一方面则是希望学生在学期评教时也能给自己打出高分，有一定的“利益交换”的嫌疑。有学者研究发现，学生和教师之间会围绕学生评教分数和课程分数产生合作或者“共谋”，这一点是包括大学英语在内的很多课程在建设“金课”过程中特别需要警醒的，而且由于大学英语教学课时多、周期长，这种“共谋”会有更多滋生的土壤。

另外，大学英语教师还会不时面对一些外界“压力”。比如，一些学院、专业因为过于关心学生将来就业、考研、出国留学等的结果，会对学生大学英语成绩期望较大，于是每学期期末考试特别是期末考试补考前，为学生“打招呼”和“求情”。这种情况虽不是普遍现象，但时有发生，它在很大程度上破坏了应有的教学生态，致使师生相互评价失去了对学生的“促学”作用和对教师的“促教”作用。再者，学生评教还可能在一定程度上影响教师在教学设计、教学内容等方面的考虑安排，影响“金课”建设效果。众所周知，随着社会竞争越来越激烈，不论是中学时期还是大学阶段学生学习的主要动力都在于通过考试并获得高分，以在竞争中占得先机。教师教学如果偏离考试，很可能就会被学生贴上“学而无用”的标签，影响评教分数，更有甚者会被学生在各种形式的学生座谈、校长信箱等意见反馈渠道“投诉”，这种情形在当下各高校中并不罕见。

四、大学英语建设“金课”的对策建议

首先，关于教学导向问题，大学英语教学需要从应试回到应用，回归大学英语教学本位。这其实与大学英语“金课”建设要求不谋而合。“金课”建设引领下的大学英语教学，应以《大学英语教学指南（2020版）》为指导，以注重语言综合能力特别是口语和写作能力的提升为基础，在此之上进一步培养学生在学术或职业领域进行国际交流的相关能力，加强学生对中外文化异同的认识，提升跨文化交际意识和交际能力，以及对我国文化的了解和阐释能力，充分发挥大学英语课程人文性和工具性特点，牢固树立正确的教学导向。这就对高校英语教学院系和英语教师提出了更高要求。比如在课程设置上，须深刻领会大学英语“金课”建设内涵，结合本校实际、办学方向以及当前大学英语教学要求，及时调整大学英语教学方案，开设优质课程及全校公选课。在教学设计上，大学英语教师须以提升学生上述各方面能力、意识和素养及其有机融合为目标，坚决摒弃完全以应试为最终追求的错误教学观念，朝着提升课程“高阶性”等内涵的方向努力。

其次，对于教学过程中的挑战，一方面，教师要积极探索和认真钻研各种先进教育技术手段，使之在丰富教学内容、教学形式的同时，不断提升教学效率、减轻教学压力、密切师生联系和沟通、加强对学生学习的反馈和针对性指导。近年来，随着网课的发展，包括大学英语教师在内的广大教师对现代教育技术的体会更加深刻，对相关技术手段在教学中的运用更加娴熟，对线上教学课程建设、班级管理、活动开展也都形成了自己的心得和体会。今后应在此基础上更进一步，根据教学内容、教学对象、自身教学风格等深入探索行之有效的线上线下混合式教学模式，紧跟时代发展，不断提升课程的“创新性”等内涵。另一方面，高校也需认真审视大学英语教师的教学压力和额定课时问题，特别是后者，要充分认识到将大学英语等公共基础课和专业课区别对待，以及将大学英语和其他公共基础课无差别处理都是简单、粗暴的“一刀切”做法。这样挫伤的不仅是广大大学英语教师教学投入的积极性，还会影响学校人才培养质量提升这一重要任务的完成。

再次，面对教学评价方面的挑战，大学英语教师要坚定信念、坚持原则、克服内在阻力和外界压力、真心关爱学生、严格要求学生、公正对待学生。在课堂

教学中据实记录学生的表现，在作业布置前科学把握任务的量和难度，在测试评估时按照客观公正的标准，在学期评价时全面、综合评判学生的学习效果。此外，高校相关职能部门和大学英语教学院系要通过教学督导听课看课、学生座谈、期中期末教学工作检查等不同形式，加强对教师课堂教学、任务布置、平时成绩评定等方面的检查和督导，杜绝慵懒、懈怠、敷衍的情况出现，严肃处理那些故意降低教学要求、一味迎合学生的错误做法。同时高校相关职能部门和大学英语教学院系也要兼听，不可偏信，做广大公正正直、坚持立场的教师的坚强后盾，为他们“撑腰”。对教师的评价，除学生评价之外还可引入同行以及教学管理人员对教师的评价，以全面呈现教师的教学质量和教学效果情况。平心而论，在“金课”的“两性一度”中，“挑战度”可能是最大“挑战”，这一点高校相关职能部门、大学英语教学院系以及大学英语教师都需充分意识到，必须抓住这个“牛鼻子”，而且教师的态度和行为表现至关重要，必须抓住教师这个关键。

最后，对于教师队伍发展问题，高校在重视优势学科、特色学科师资团队建设的同时，不能任由大学英语教师队伍逐渐“老化”和“萎缩”，而应每年拿出一定的人才招聘指标或人才引进指标，并对大学英语教学院系提出任务要求，为大学英语教师队伍源源不断地注入新鲜血液，确保其可持续发展。高校还要切实让国家已开始大力倡导的“破五唯”等要求落地，及时修订职称评聘、考核奖励等文件办法，使在教学方面能力突出但科研方面力相对较弱的广大大学英语教师能安心教学、专心教学、甘于教学，使他们也能凭借优秀的教学成果、教学效果、教研成果等晋升高级职称，获得学校奖励，在学校享有和科研骨干等一样的荣誉和地位，切实增强教师的获得感、成就感、幸福感。此外，高校相关职能部门和大学英语教学院系在教师培训发展、国内外访学研修、教科研项目指标分配等方面，要充分考虑大学英语教师这一群体的特殊性，适当给予政策性倾斜，不断促进教师教科研能力的提升。

参考文献

[1] 李静纯．英语教学的艺术探究 [M]．南宁：广西教育出版社，2018．

[2] 周保群．大学英语教学模式与课程建设研究 [M]．重庆：重庆大学出版社，2020．

[3] 王春霞．英语教学模式改革与创新研究 [M]．长春：吉林人民出版社，2021．

[4] 陈细竹，苏远芸．大学英语教学模式的革新与发展研究 [M]．长春：吉林人民出版社，2021．

[5] 刘欣．多模态视角下的大学英语教学模式研究 [M]．北京：中国纺织出版社有限公司，2022．

[6] 刘慧．突出自主学习的大学英语教学模式创新研究 [M]．北京：企业管理出版社，2021．

[7] 杨雪静．高校英语教学模式创新研究 [M]．长春：吉林人民出版社，2019．

[8] 宫玉娟．大学英语教学模式改革创新研究 [M]．长春：吉林出版集团股份有限公司，2018．

[9] 王淑花，李海英，孙静波，等．大学英语教学模式改革与发展研究 [M]．北京：知识产权出版社，2018．

[10] 冯改．大学英语教学模式问题与对策研究 [M]．北京：中国商务出版社，2017．

[11] 凌婧君．多媒体背景下大学英语教学模式改革 [J]．湖北开放职业学院学报，2023，36（10）：185–187．

[12] 王园．基于项目式教学的大学英语教学模式重构探究 [J]．西部素质教育，2023，9（10）：161–164．

[13] 张永霞，高佳音．人机协同支持下的大学英语教学模式研究 [J]．黑龙江生态工程职业学院学报，2023，36（2）：148–154．

[14] 武小燚．基于任务型教学法的线上大学英语教学模式探究 [J]．齐齐哈尔师范高等专科学校学报，2023（1）：133–135．

[15] 刘艳芹．思辨型大学英语教学模式探究 [J]. 品位・经典，2022（23）：159–160.
[16] 毕晨光．新时代背景下大学英语教学模式探究：基于中华优秀传统文化融入的视角 [J]. 黑河学刊，2022（6）：41–46.
[17] 张建军．二语习得视角下的大学英语课堂教学模式 [J]. 英语广场，2022（31）：76–79.
[18] 刘禹杉．课程思政背景下大学英语教学模式创新研究 [J]. 校园英语，2022（40）：34–36.
[19] 杨丽．基于智慧课堂的大学英语教学模式设计及应用 [J]. 中学生英语，2022（32）：79–80.
[20] 于欣瑶．多元互动教学模式在大学英语写作中的应用研究 [D]. 沈阳：沈阳师范大学，2023.
[21] 李兰蒙．多模态大学英语教学模式建构：教师行为与学生信念的契合 [D]. 天津：天津理工大学，2021.
[22] 吕炯．跨文化传播视角下的大学英语教学模式探析 [D]. 合肥：中国科学技术大学，2013.
[23] 侯晓宁．建构主义理论视角下的大学英语教学模式研究 [D]. 长春：长春理工大学，2012.
[24] 曹蕻．基于情境认知与学习理论的大学英语教学模式研究 [D]. 泰安：山东农业大学，2011.
[25] 孙蕾．多元智能型大学英语教学模式实证研究 [D] 西安：西安工业大学，2011.
[26] 孙玲．输入 – 输出理论指导下的大学英语教学模式的探究 [D]. 长春：吉林大学，2009.
[27] 初明雪．基于计算机和课堂的大学英语教学模式的实证研究 [D]. 济南：山东大学，2009.
[28] 彭舜．整合教学模式：大学英语创新型课堂教学模式研究 [D]. 长沙：湖南师范大学，2008.